KB041328

정치학 논고

정치학 논고

B. 스피노자 지음 | 강영계 옮김

서광사

이 책은 「스피노자 전집」(Benedicti de Spinoza, Opera, vol. Ⅱ, Leipzig, 1844) 제2권 중 「정치학 논고」(*Tractatus Politicus*)를 완역한 것이다.

정치학 논고

B. 스피노자 지음
강영계 옮김

펴낸이 | 김신혁, 이숙
펴낸곳 | 도서출판 서광사
출판등록일 | 1977. 6. 30.
출판등록번호 | 제 406-2006-000010호

(10881) 경기도 파주시 회동길 77-12 (문발동)
대표전화 (031) 955-4331 팩시밀리 (031) 955-4336
E-mail : phil6161@chol.com
http : //www.seokwangsa.co.kr | http : //www.seokwangsa.kr

제1판 제1쇄 펴낸날 — 2017년 7월 10일

ISBN 978-89-306-2212-7   94160
ISBN 978-89-306-2164-9   94160(세트)

정치학 논고

이 논고는 귀족정이 전제 정치로 몰락하지 않고 시민들이 평화와 자유를 침해당하지 않으려면, 귀족정의 공동체는 어떻게 구성되어야 하는지를 증명한다.

옮긴이의 말

지금부터 26년 전인 1990년에 스피노자의 「에티카」를 번역 출간했을 때만 해도 나는 「에티카」 이외의 스피노자 저서들을 우리말로 옮길 생각은 하지도 못하였다. 우선 거의 6년의 세월을 「에티카」 번역에 매달려 지치기도 했고, 또한 당시 아직 50대 초반인 나로서는 읽어야 할 그리고 우리말로 옮겨야 할 철학책들이 너무 많았고 갈 길이 아직 멀었으므로 스피노자의 다른 저서들에는 더 이상 관심을 두지 않았다.

데카르트는 벌써 20대 초반에 10년 계획을 세워 여행, 독서, 사람들과의 의사소통과 토론, 사색 등을 체험하고 「방법론」을 집필한 후 계속해서 저서들을 썼다. 그러나 나는 일생을 여행, 독서, 사색, 토론, 번역, 저술에 투자했어도 얻은 수확은 지극히 미미했다는 것을 고백하지 않을 수 없다. 그 보잘 것 없는 수확물 중의 하나가 바로 스피노자의 「정치학 논고」(*Tractactus Politicus*)이다. 물론 스피노자의 「정치학 논고」는 보석들 중의 보석이지만 그 보석을 우리말로 옮긴 내 솜씨가 시원치 않기 때문에 '보잘 것 없는 수확물 중의 하나'라고 표현한 것이다.

나는 지금 '스피노자 선집' 중 마지막 권인 「정치학 논고」의 번역을 끝내고 너무 탈진하여 전 코스를 완주한 마라톤 선수가 땅바닥에 누워서 숨을 헐떡이는 것처럼 메마른 정신력을 추스르기에 여념이 없다. 이 「정치학 논고」는 스피노자의 다른 저서들 즉 「지성 개선론」, 「신과 인간과 인간의 행복에 대한 짧은 논문」, 「데카르트의 철학의 원리」, 「신학-정치론」, 「에티카」 등을 정성들여 읽은 사람이라면 별 큰 어려움 없이 진한 감동과 함께 읽을 수 있을 것이다.

「정치학 논고」(*Tractatus Politicus*)는 다음의 스피노자 전집 중에서 해당되는 것을 우리말로 옮긴 것이다.

Benedicti de Spinoza, Operà quae superunt omnia, vol. II, De Intellectus emendatione, Tractatus Politicus, Epistolae, Lipsiae, 1844.

독일어 번역과 영어 번역으로는 다음의 책들을 참고하였다.

B. de Spinoza's Sämmtliche Werke übers. von Berthold Auerbach, Erster Band, Stuttgart, 1871.

Spinoza Complete Works, tr. by Samuel Shirley, Cambridge, 2002.

이 책에서 옮긴이의 주(註)는 1) (역주), 2) (역주) 등으로 표시하였고, 역주에서 사용한 스피노자의 저서들에 대한 약자들의 원저명은 다음과 같다.

E(Ethica: 에티카),

TTD(Tractatus Politicus: 정치학 논고).

역주의 내용 중 많은 부분은 새무엘 셜리의 영역본 역주를 참고했으며, 필요한 경우에는 옮긴이가 직접 역주를 달았고, 다음 책도 많이 참고하였다.

Johannes Irmscher, Lexikon der Antike, München, 1987.

1844년 라틴어판 「정치학 논고」의 본문에는 각 장의 제목만 있고 절들의 제목은 원래 '차례'에만 있었다. 그러나 옮긴이는 독자의 이해를 돕기 위해서 본문에도 각 절의 제목을 달았다.

이 책이 나올 때까지 온갖 심혈을 다 기울여 옮긴이를 격려해 준 서광사의 김신혁 사장, 이숙 부사장 그리고 서광사 편집진의 도움이 없었다면 이 책은 물론이고 '스피노자 선집' 자체의 출판이 불가능했을 것이다. 스피노자 전집에는 이 '스피노자 선집'에 들어 있는 6권의 저서들 이외에도 「히브리어 문법」과 「서간집」이 있으나, 옮긴이는 언젠가 스피노자에게 매료된 스피노자 전문가가 나타나 이 두 권의 책들도 번역하기를 바란다.

옮긴이 강영계

차례

제7장 군주정, 군주국가의 기초에 대한 증명

제8장 귀족정의 첫 번째 모델

제9장 귀족정의 두 번째 모델

제10장 귀족정의 조직

제11장 민주정

스피노자의 유고 편집자들의 머리말

우리의 저자는 죽기 전 짧은 기간에 「정치학 논고」(*Tractatus Politicus*) 를 저술하였다. 이 책에서의 그의 사유(思惟)는 정확하며 문체는 명료하다. 다른 수많은 정치학자들의 견해와는 달리 그는 이 책 안에서 자신의 판단을 가장 확고하게 제시하며 시종일관(하여) 전체로부터 결론을 도출해 낸다. 저자는 앞의 다섯 장(들)에서는 정치학 일반(politica in genere)을 다루며 6장과 7장에서는 군주정(monarchia)을, 8장과 9장과 10장에서는 귀족정(aristocratia)을 그리고 마지막으로 11장에서는 민주주의 정부의 원리(initium imperii democratici)를 다룬다. 그러나 그의 예기치 못했던 죽음으로 그는 「정치학 논고」를 완수할 수 없었으며 법에 대해서뿐만 아니라 정치학에 관련된 다양한 문제들에 대해서도 다룰 수 없었다. 그가 친구에게 보내는 아래의 편지에서 이러한 계획을 잘 알 수 있다. 이 편지는 정치학 논고에 대한 머리말로서 충분히 제시될 수 있을 것이다.

사랑하는 친구여, 그대가 나에게 보낸 편지를 어제 잘 받아 보았습니

다. 그대가 나에게 베풀어 준 애정 어린 배려에 진심으로 감사드립니
다. 만일 내가 지금 다른 일에 몰두하고 있지 않는다면, 나는 당신에게
보다 더 유용하며, 또한 보다 더 그대를 기쁘게 해 줄 이 기회들을 놓치
고 싶지 않습니다. 바로 그것은 정치학 논고를 저술하는 일인데, 나는
얼마 전부터 그대의 권유에 의해서 그 일을 시작했습니다. 이 논고의
여섯 개 장들은 이미 완성했습니다. 이 책의 첫 번째 장은 서론에 해당
하는 것을 포함하고 있고, 두 번째 장은 자연권(ius naturali)에 대해서,
세 번째 장은 주권(ius summarum potestatum)에 대해서 다루고 있습
니다. 네 번째 장은 어떤 정치적 사안들이 주권의 지배에 의존하는지에
대해서, 다섯 번째 장은 한 사회가 고려할 수 있는 궁극적인 최고의 대
상이 무엇인지를 다룹니다. 그리고 여섯 번째 장은 전제정(專制政)으
로 전락하지 않기 위해서는 군주정을 어떻게 구성해야만 하는지를 다
룹니다. 현재는 일곱 번째 장을 쓰고 있으며 여기에서 나는 잘 정리된
군주정의 질서에 관계되는 앞에서의 여섯장의 모든 부분들을 방법적으
로 증명할 것입니다. 이 일이 끝나면 귀족정과 민중의 정부(populare
imperium)로, 그리고 마지막으로 법 및 정치학과 관련된 다른 특별한
문제들로 넘어가려고 합니다. 그럼 안녕하시기를.

이 편지에서 우리는 목표를 분명하게 알 수 있다. 그러나 그는 병에 걸
리고 죽음이 그를 앗아가서 그의 저술은 귀족정의 마지막을 다루는 것
으로 끝났고 더 이상 진척시킬 수 없었다.

1

서론

1. 정치학의 이론과 실천 (1)

철학자들(philosophi)은 우리를 괴롭히는 정서(affectus)를[1] 마치 인간들이 자기들의 잘못으로 인해서 빠져드는 악덕(vitia)처럼 파악한다. 그래서 그들은 흔히 정서를 조롱하거나 탄식하거나 책망하거나 (그들은 한층 더 성스럽게 보이기를 원한다) 혐오하곤 한다. 철학자들은 어디에도 존재하지 않는 인간의 본성을 수많은 방식으로 칭찬하고, 실제로 존재하는 인간의 본성을 말로 비난하면서 자기들이 신적인 것이라도 행한 것처럼 그리고 지혜의 절정(sapientiae culmen)에 도달한 것처럼 착각한다. 왜냐하면 철학자들은 존재하는 대로의 인간들(homines ut sunt)이 아니라 자기들이 존재하기를 바라는 인간들을 생각하고 있기 때문이다. 이 때문에 그들은 대부분 윤리학 대신 풍자극(satyra)을[2] 썼으며, 결코 실천할 수 없는 정치학을 생각해

---

1 (역주) affectus는 정서 또는 감정의 의미를 가진다.
2 (역주) Satyrus는 그리스 신화에 나오는 반인반수의 숲의 신이다. Satyra는 풍자극

내었다. 그리하여 그러한 정치학은 망상(chimaera)으로[3] 여겨지거나, 유토피아나 또는 그러한 정치학이 전혀 필요 없었던 옛날 시인들의 황금시대에나 실현될 수 있었던 것이다. 따라서 정치학 이론은 유용한 모든 학문들 중에서 실천이 가장 동떨어져 있는 것으로 생각되었으며, 사람들은 국가의 통치에 있어서 이론가들이나 철학자들은 가장 부적합한 사람이라고 평가하게 되었다.

2. 정치학의 이론과 실천 (2)

이와 반대로 정치가들(politici)은 사람들에게 조언하기보다는 속임수를 쓴다고 생각되며, 지혜롭기보다는 오히려 교활한 것으로 평가된다. 물론 경험을 통해 정치가들은 인간이 존재하는 한 악덕(vitia)도 존재한다는 것을 알게 되었다.[4] 따라서 정치가들은 오랜 경험이 가르쳐 준, 사람들이 이성보다는 공포에 이끌릴 때 보통 실행하는 방법을 사용하면서 인간의 사악함(humana malitia)을 예측하기 위한

으로 수많은 사뛰루스신들의 합창대가 등장한다.

3 (역주) Chimaera는 희랍 신화에 나오는 괴물로서 머리는 사자, 몸은 산양, 꼬리는 뱀이다. 상상이나 환상의 의미로도 쓰인다.

4 (역주) Tacitus, Historiae 4, 74, 2. 타키투스(Publius Cornelius Tacitus, 약 55~120)는 로마 최후의 역사가로서 「Agricola」, 「Germaria」, 「Dialogus de oratoribus」 등을 저술하였다. 「아그리콜라」의 원제목은 「율리우스 아그리콜라의 생애와 성격: De vita et moribus Iulii Agricolae」이다. 「게르마니아」는 게르만민족에 대한 역사적 기록이며 「웅변가들에 대한 변론」은 웅변술의 몰락에 관해서 서술한다. 타키투스의 역작은 「역사: Historiae」와 「연대기: Annales」 두 권인데 이것은 로마 황제 아우구스투스(Augustus)의 죽음으로부터 도미니티아누스(Dominitianus)의 시해에 이르기까지의(14~96년) 역사 기록서이다. 앞으로 타키투스의 저서와 관련된 (역주)에서는 라틴명을 인용할 것이다.

연구를 시작하였다. 그리하여 정치가들은 종교의 적으로, 특히 신학자들의 적으로 여겨지게 되었다. 왜냐하면 신학자들은 주권(summas potestates)이란 개인을 구속하는 것과 똑같은 경건함의 규칙(pietatis regulas)에[5] 따라서 공적 업무를 다루지 않으면 안 된다고 믿었기 때문이다. 그렇지만 정치가들은 철학자들보다 정치적인 것들에 대해서 훨씬 더 효과적으로 기술했다는 사실은 의심할 수 없다. 왜냐하면 정치가들은 경험을 스승으로 모시고 있었으므로 실제로 사용될 수 없는 것은 어떤 것도 가르치지 않았기 때문이다.

3. 정치학의 이론과 실천 (3)

물론 경험은 사람들이 조화롭게 살 수 있다고 생각할 수 있는 모든 종류의 국가(omnia civitatum genera)를 제시해 주었으며, 동시에 대중을 인도하거나 일정한 한계 안에 억제하지 않으면 안 되는 수단들을 제시해 주었다고 나는 확신한다. 따라서 우리가 사유에 의해서[6] 지금까지 경험되지도 또 시도되지도 않은 것이 경험과 실천에 일치할 수 있다고는 믿지 않는다. 왜냐하면 인간이란 어떤 공동의 법(ius) 없이는[7] 살 수 없도록 되어 있는 존재이기 때문이다. 그러나 공동의 법과 공적 업무는 가장 예리하거나 교활하거나 또는 유능한 사람들에 의해서 설립되고 관리되어 왔다. 따라서 우리는 기회나 운이 아직까지 우리들에게 제공해 주지 않은 것이, 그리고 공동의 업무에 몰두하면서 자기들의 안전을 도모해 온 사람들조차도 발견하지 못한 것

---

5 (역주) 경건함의 규칙은 바로 신앙 내지 종교의 규칙이다.

6 (역주) cogitatione는 '단지 이론적, 추상적인 사유에 의해서'의 의미를 가진다.

7 (역주) ius는 문맥에 따라서 법 또는 권리로 옮겼다.

이 공동체 사회에 유용하리라는 생각은 전혀 믿을 수 없다.

4. 저자의 의도

따라서 내가 정치학에 마음을 쏟기 시작했을 때, 나는 전혀 새롭거나 들어보지 못한 것을 목적으로 삼지 않고 오로지 실천과 가장 잘 일치하는 것만을 확실하고 의심할 수 없는 추리에 의해서 증명하거나 인간의 본성 자체에 의해서 이끌어 내는 것을 목적으로 삼았다. 그리고 보통 수학적인 것들을 탐구할 때와 같은 정신적 자유를 가지고(animi libertate) 정치학에 관계되는 것들을 탐구하기 위해서 나는 인간의 활동(humanas actiones)을 비웃거나 한탄하거나 혐오하지도 않고 오직 이해하려고 진지하게 애썼다. 그러므로 나는 사랑, 증오, 분노, 질투, 오만, 연민 그리고 다른 마음의 흥분들(animi commotiones)을 인간의 본성의 악덕(vitia)이 아니라 인간의 본성 자체에 속하는 속성들(proprietates)로 생각하였는데, 이는 마치 열, 추위, 폭풍, 번개 등등이 대기의 본성에 속하는 것과도 같다. 이것들은 비록 불편할지라도 필연적이며 일정한 원인을 가진다. 우리는 이러한 원인을 통해서 대기의 본성을 이해하려고 애쓴다. 그리고 정신은 그것들을 참답게 고찰하며 즐거워하는데 이는 마치 감각들 중에 쾌적한 것을 인식할 때 정신이 즐거워하는 것과도 같다.

5. 인간들의 정서의 힘

인간들은 필연적으로 정서에 종속되어 있으며, 불행한 사람에게는 동정을 보이고, 부유한 사람에 대해서는, 동정보다는 한층 더 복수

쪽으로 기울도록 구성되어 있다. 이 사실은 내가 「에티카」에서[8] 참답다고 증명하였다. 게다가 모든 사람들은 다른 이들이 자기의 뜻에 따라서 생활하고, 자기가 인정하는 것을 인정하며, 자기가 배척하는 것을 배척하기를 원한다. 그러므로 모든 사람들은 저마다 똑같이 첫 번째 지위를 차지하려고 싸움에 빠져들며, 서로 있는 힘을 다해서 상대를 제압하고자 한다. 그리고 승리한 자는 자신이 이익을 취했다는 것보다는 타인을 해쳤다는 것을 더 자랑으로 여긴다.

한편 종교는 이와 반대로 이웃을 자기 자신처럼 사랑하여야 한다는 것, 곧 타인의 권리를 자신의 권리와 마찬가지로 지켜야한다는 것을 가르친다고 모든 사람들이 확신하고 있다. 그러나 이러한 확신이 정서에 대해서는 거의 쓸모없다는 것을 이미 밝혔다. 물론 그리한 확신은[9] 죽음이 임박한 시점에서는, 즉 질병이 정서 자체를 압도하여 인간이 힘없이 누워 있을 때 또는 인간들이 아무런 거래도 행하지 않는 성전에서는 가치가 있다. 그러나 그러한 확신이 가장 필요할 것 같은 법정이나 궁정에서 그와 같은 확신은 전혀 쓸모가 없다. 게다가 우리는 물론 이성이 정서를 상당히 억제하고 조절할 수 있다는 것을 밝혔지만, 동시에 이성 자체가 가르치는 길이 매우 험난하다는 것을 알았다.[10] 그래서 대중이나 공적 업무에 전념하는 사람을 오직 이성의 규정에 따라서만 살아가도록 이끌려고 설득하는 것은 시인들이 꾸며 낸 황금시대나 우화(fabula)를 꿈꾸는 것이다.

---

8 (역주) E 3, 4부 참조. 특히 4부, 정리 4의 보충, 3부 정리 31의 주(註), 정리 32의 주(註), 4부의 부록 13을 참조할 것.

9 (역주) 바로 앞에서 지적한 종교에 대한 긍정적인 확신.

10 (역주) E 5부, 정리 42의 주(註) 참조.

6. 국가의 원인과 자연적 기초는 이성적 증거에 의존하지 않고 인간의 공통된 본성이나 조건에서 도출된다 (1)

따라서 국가(imperium)의 안녕이 어떤 사람의 충성에(ab alicuius fide) 의존하거나, 국가의 업무가 오직 그것을 관리하는 사람의 충성에 의해서만 운영되는 국가는 결코 안정되지 못할 것이다. 그러므로 국가가 보존되기 위해서는 정부의 사안들을 관리하는 사람들은 이성에 따르든지 정서에 따르든지 간에 충성을 배반하거나 사악하게 행동할 수 없도록 조직되어야 한다. 만일 국가의 업무가 옳게만 관리된다면, 사람들을 올바른 업무 관리로 이끄는가 하는 것이 어떤 정신인가는 국가의 안전(imperii securitas)에 별로 중요하지 않다. 왜냐하면 정신의 자유나 강인함(animi libertas seu fortitudo)은 개인의 덕목이지만 안전(securitas)은 국가의 덕목이기 때문이다.

7. 국가의 원인과 자연적 기초는 이성적 증거에 의존하지 않고 인간의 공통된 본성이나 조건에서 도출된다 (2)

마지막으로 모든 인간은 야만적이든 아니면 문명적이든 간에 관습에 따라서 결합하고 시민적 상태를 형성하기 때문에 국가의 원인과 자연적 기초(imperii causas et fundamenta naturalia)는 이성적 증거에 의존하지 않고 인간의 공통된 본성이나 조건에서 도출되지 않으면 안 되는데, 나는 이것을 다음 장에서 다루기로 마음먹었다.

2

자연권

1. 자연권과 시민권

「신학-정치론」에서 나는 자연권과 시민권에[1] 대해서 다루었으며, 「에티카」에서는 죄악(peccatum)과 공적(meritum), 또한 정의(iustitia)와 불의(iniustitia)[2] 그리고 마지막으로 인간의 자유(libertas)는 무엇인가를 설명하였다.[3] 그러나 나는 독자들이 이 논고 자체에 핵심적으로 관계되는 것들을 다른 책들에서 찾지 않아도 되도록 그것들을 여기에서 다시 설명하고 자명하게 증명하겠다.

2. 이상적인 것의 본질과 현실적인 것의 본질

모든 자연 사물(res quaecumque naturalis)은 그것이 현존하든지 또

---

1   (역주) TTP 16장 참조.
2   (역주) E 4부, 정리 37, 주(註) 2 참조.
3   (역주) E 2부, 정리 48, 49의 주(註) 참조.

는 현존하지 않든지 간에 적절하게 파악될 수 있다. 따라서 자연 사물들의 원천(principium)과[4] 마찬가지로 자연 사물들의 존재의 지속 (perseverantia)도 자연 사물들의 정의(定義)로부터 추론될 수 없다. 왜냐하면 자연 사물들의 이상적 본질(essentia idealis)은 자연 사물들이 존재하기 이전과 마찬가지로 자연 사물들이 존재하기 시작한 이후에도 똑같기 때문이다. 따라서 사물들의 존재의 원천이 사물들의 본질로부터(ex earum essentia) 귀결될 수 없는 것처럼 사물들의 존재의 지속도 사물들의 본질로부터 귀결될 수 없다. 그러나 사물들은 존재하기를 시작하기 위해서 필요로 하는 똑같은 힘(potentia)을 자기들이 지속해서 존재하기 위해서 필요로 한다. 이로부터 자연 사물들을 존재하게 하고 따라서 자연 사물들을 작용하게 하는 자연 사물들의 힘은 신의 영원한 힘 자체(ipsa Dei aeterna potentia) 이외의 다른 어떤 것일 수 없다는 사실이 귀결된다. 왜냐하면, 만일 그 힘이 또다른 창조된 힘이라면, 그 힘은 자기 자신을 유지할 수 없을 것이고 따라서 자연 사물들을 유지할 수 없을 것이기 때문이다. 그러나 그 힘 자체는 창조되기 위해서 자신이 필요로 하는 힘과 똑같은 힘을 현존에서 지속하기 위해서 필요로 할 것이다.

3. 자연권은 무엇인가 (1)

따라서 자연 사물들을 존재하고 작용하게 하는 자연 사물들의 힘 (rerum naturalium potentia)이 신의 힘 자체(ipsissima Dei potentia)라는 사실에서 우리는 자연권(ius naturae)이 무엇인지 쉽게 알 수 있

---

4 (역주) principium은 시초, 원천, 기초, 원리 등 여러 가지 의미를 가지고 있다.

다. 왜냐하면, 신은 모든 것에 대한 권리를 가지고, 신의 힘 자체가
완전히 자유로운 것으로 고찰되는 한 신의 권리(ius Dei)는 신의 힘
자체 이외의 다른 것이 아니므로 모든 자연 사물은 존재하고 작용하
기 위한 힘을 가지는 만큼의 권리를 자연으로부터 가진다. 바로 자연
사물을 존재하고 작용하게 하는 자연 사물 각각의 힘은 완전히 자유
로운 신의 힘 자체와 결코 다른 것이 아니기 때문이다.[5]

4. 자연권은 무엇인가 (2)

그래서 나는 자연권을 모든 것을 생기게 하는 자연법칙 자체 내지 규
칙, 곧 자연의 힘 자체(ipsa naturac potcntia)로 이해한다. 따라서 전
체 자연의 자연권 그리고 결과적으로 각 개체의 자연권은 그것들의
힘이 확장되는 만큼 확장된다. 그래서 결국 각 사람이 자신의 본성의
법칙에 따라서 행동하는 것은 무엇이든지 그가 최고의 자연권에 따
라서 행동하는 것이며, 각자는 자신의 힘이 미치는 만큼 자연권을 소
유한다.

5. 자연권은 무엇인가 (3)

따라서 만일 인간들이 오직 이성의 규정에 따라서만 살고 다른 것은
추구하지 않도록 인간의 본성(humana natura)이 되어 있었다고 한다
면 자연권은 인류에게 고유한 것으로 고찰되는 한, 오직 이성의 힘에
의해서만 결정되었을 것이다. 그러나 인간들은 이성에 의해서보다는

---

5 (역주) 자연＝신이므로 자연의 힘은 바로 신의 힘이다. 이 문장은 스피노자의
   범신론적 자연주의 또는 자연주의적 범신론을 대변한다.

한층 더 욕망(cupiditas)에 의해서 이끌린다. 따라서 인간의 자연적 힘이나 권리는 이성에 의해서 정의되는 것이 아니고, 인간을 행동하도록 결정하거나 인간이 자신을 보존하도록 노력하게 하는 욕구(appetitus)에[6] 의해서 정의되어야 한다. 물론 나는 다음의 사실을 인정한다. 이성에 의해서 생기지 않는 욕망의 경우 인간은 능동적이지 않고 수동적이다. 그러나 여기에서 우리는 보편적인 자연의 힘이나 자연권을 다루고 있기 때문에 이성에서 생기는 욕망들과 우리 안에 있는 다른 원인들에 의해서 생기는 욕망들과의 차이를 전혀 인정할 수 없다. 왜냐하면 전자나 후자나 다 자연의 결과(effectus naturae)이기 때문이다. 전자나 후자나 다 자연의 힘을 표현하는데, 인간은 그 힘에 의해서 자신의 존재를 보존하려고 노력한다. 왜냐하면 지혜롭든지 무지하든지 간에 인간은 자연의 일부이기 때문이다. 모든 사람들 각자를 행동하도록 결정하는 모든 것은 인간의 본성으로 정의되는 자연의 힘(naturae potentia)이다. 왜냐하면 인간은 이성에 의해서 인도되든지 또는 욕망에 의해서 인도되든지 간에 오직 자연법칙과 규정에 따라서만, 곧 (이 장의 4절에 의해서) 자연권에 의해서만 행동하기 때문이다.

6. 자유에 대한 일상적 견해, 최초의 인간의 타락

그러나 많은 사람들은 무지한 자들이 자연 질서를 따르지 않고 오히

---

6 (역주) 스피노자는 「에티카」에서 정서의 근원은 conatus(노력, 성향)이고 이것의 표현은 욕구(appetitus)이며 욕구가 의식된 것이 욕망(cupiditas)이라고 하였다. 현대 정신분석학자 라캉은 자신의 욕망(désir)이 스피노자의 욕망과 유사하다고 보았다.

려 혼란시킨다고 믿으며, 자연 속의 인간들(homines in natura)을[7] 마치 국가 속에 있는 또 하나의 국가처럼 생각한다. 왜냐하면 그들은 인간의 정신이 결코 어떤 자연적 원인에 의해서도 산출된 것이 아니고 직접 신으로부터 창조되었고 따라서 다른 사물들과 독립해서 자기 자신을 결정하고 이성을 옳게 사용할 수 있는 절대적 힘(absoluta potestas)을 가진다고 주장한다. 그러나 경험은 긴강한 신체를 소유할 힘이 우리의 능력과 무관한 것처럼 건강한 정신을 소유할 힘이 우리의 능력 안에 없다는 것을 충분히 가르쳐 준다. 다음으로 모든 사물은 존재하는 한, 자신의 존재를 보존하려고 애쓰기 때문에 만일 맹목적 욕망에 이끌리는 것과 마찬가지로 이성의 규정에 따라서 살아가는 것이 우리의 능력 안에 있었다고 한다면 모든 사람은 이성에 인도되어 현명하게 삶을 이끌었을 것이다. 그러나 결코 그렇지 않다. 왜냐하면 각자는 자신의 쾌락(voluptas)에 이끌리기 때문이다.[8]

인간의 무능함의 원인이 그 기원을 인류의 최초의 조상의 타락에 두고 있는 인간 본성의 사악함이나 죄악이라고 주장하는 신학자들도 이와 같은 난점을 해결하지 못한다. 왜냐하면, 만일 최초의 인간이 죄에 빠지는 것과 마찬가지로 일어설 능력을 가지고 있었다면 그리고 만일 그가 올바른 정신을 가지고 있었고 그의 본성이 온전했더라면 또한 그가 알고 신중했더라면 타락에 빠지는 일이 어떻게 가능할 수 있었겠는가? 그러나 신학자들은 최초의 인간이 악마에게(a diabolo) 속은 것이라고 말한다. 그러나 악마를 속인 것은 누구인가?

---

7 (역주) homines in natura는 자연 상태에서 살아가고 있는 인간들을 말한다.
8 (역주) Vergilius ecl. 2, 65. 버질(P. Vergilius Maro, BC.70~BC.19)은 로마의 가장 뛰어난 서사 시인이다. 버질의 대표작들은 '목가'(Eclogae 또는 Bucolica), '경작'(Georgica), '에네아스'(Aeneis) 등이 있다. 여기에서 인용한 'ecl'은 '목가'(Eclogae)의 약자이다.

나는 묻는다. 누가 모든 피조물들 중 가장 지능이 뛰어난 악마를 꾀어서 신보다 더 위대해지기를 바라게 할 수 있었을까? 건전한 정신을 가진 사람이라면 그는 자신의 존재를 보존하기 위해서 애쓰지 않았겠는가? 다음으로 최초의 인간 자신(ipsa primus homo)이[9] 정신을 제어할 수 있고 의지의 주인이었더라면 그가 유혹당하고 정신을 빼앗기는 일이 어떻게 일어날 수 있었겠는가? 왜냐하면, 만일 그가 이성을 옳게 사용할 수 있는 능력을 가졌더라면 그는 속을 수 없었기 때문이다. 왜냐하면 그가 존재하는 한, 자신의 존재와 자신의 건전한 정신을 보존하려고 필연적으로 애썼을 것이기 때문이다. 그러면 다음처럼 가정해 보자. 최초의 인간은 그런 능력을 가졌을 것이다. 그러므로 그는 자신의 건전한 정신을 필연적으로 보존했을 것이고 결코 기만당할 수 없었을 것이다. 그러나 이 가정은 최초의 인간에 대한 이야기에 따르면 그릇된 것이다. 그래서 최초의 인간에게는 이성을 옳게 사용할 수 있는 능력이 없었고, 오히려 그도 우리와 마찬가지로 정서에 예속되어 있었다는 것을 인정해야 한다.

7. 자유와 필연 (1)

그러나 인간은 자신의 존재가 자기 안에 있는 한, 다른 개체들과 마찬가지로 자신의 존재를(suum esse) 보존하기 위해서 노력한다는 것을 아무도 부정할 수 없다. 왜냐하면, 만일 여기에서 다른 개체들과의 차이를 생각한다면[10] 그것은 인간이 자유의지(voluntas libera)를 가지고 있다는 것으로부터 생겨야 한다. 그러나 우리가 인간을 자유

---

9 (역주) 아담을 말한다.
10 (역주) 인간과 다른 개체들과의 차이를 가리킨다.

로운 존재로 파악하면 할수록 더욱 더 인간이 자기 자신을 필연적으로 보존하고 정신을 지배해야만 한다. 주장하지 않으면 안 된다. 자유와 우연(contingentia)을 혼동하지 않는 사람은 누구든지 쉽게 내 생각에 동의할 것이다. 왜냐하면 자유(libertas)는 덕이나 완전성(virtus seu perfectio)이기 때문이다. 따라서 어떤 사람에게서 무능함을 나타내는 것은 그 사람의 자유에 관계되지 않는다. 따라서 인간은 그가 존재할 수 없다거나 이성을 사용할 수 없다는 것 때문에 자유롭다(liber)고는 결코 말할 수 없고, 오직 인간의 본성의 법칙에 따라서 존재하고 행동할 수 있는 힘을 가지고 있는 한에서만 자유롭다고 말할 수 있다. 그러므로 우리가 인간을 자유롭다고 생각하면 할수록 그만큼 너 우리는 인간이 이성을 사용힐 수 없다거나 선보나 악을 선택한다고 말할 수 없다. 따라서 완전히 자유롭게 존재하며 필연적으로 인식하고 활동하는 신도 자신의 본성의 필연성에 따라서 존재하고 인식하며 활동한다. 왜냐하면 신은 자신과 함께 존재하는 똑같은 자유를 가지고 활동한다는 것이 의심할 수 없는 사실이기 때문이다. 따라서 신은 자유의 본성의 필연성에 따라서 존재하는 것처럼 자유의 본성의 필연성에 따라서 활동한다. 곧 신은 완전히 자유롭게 활동한다.

8. 자유와 필연 (2)

따라서 항상 이성을 사용하여 인간의 자유의 절정에 도달하는 것은 인간 각자의 힘(potestas)으로[11]할 수 없다. 그렇지만 각자는 항상 가능한 한 자신의 존재를 보존하고자 하며 각자는 능력(potentia)을 가

---

11 (역주) potestas와 potentia는 모두 힘, 권력, 지배력 등을 의미하지만 potentia는 가능성, 능력 등의 뜻이 강하다.

진 만큼 권리(ius)를 가지고 있기 때문에 그들이 현명하든지 아니면 무지하든지 간에 각자는 노력하고 행동하는 모든 것을 최고의 자연권에 따라서(summo naturae iure) 한다. 모든 인간이 최고의 자연권 아래에서 태어나고 살아가는 자연권과 자연적 제도는 누구도 욕망하지 않고 누구도 할 수 없는 것 외에는 대부분 아무것도 금지하지 않는다. 그것들은[12] 다툼, 증오, 분노, 기만 그리고 욕구가 재촉하는 어떤 것에도 결코 거역하지 않는다. 이것은 조금도 이상하지 않다. 왜냐하면 자연은 오직 인간의 참다운 이익과 보존만을 목적으로 삼는 인간 이성의 법칙에 포함되어 있지 않고, 인간을 한 부분으로 가지고 있는 전체 자연의 영원한 질서에 관계되는 무한한 다른 법칙에 포함된다. 오직 이 영원한 질서의 필연성에 따라 모든 개체들은 일정한 방식으로 존재하고 활동하도록 결정된다. 그러므로 자연에서 어떤 것이 우리에게 우습게 또는 불합리하게 또는 나쁘게 보인다면 그것은 우리가 사물들을 오직 부분적으로만 알고 자연 전체의 질서와 일관성에 대해서는 무지하기 때문이며 또한 모든 것이 우리의 이성의 규정에 따라서 배치되기를 바라기 때문이다. 그렇지만 이성이 악하다고 말하는 것은 보편적 자연의 질서와 법칙에 관련해서가 아니고 오직 우리들의 본성의 법칙에 관련해서만 그렇게 말하는 것이다.

9. 자유와 필연 (3)

그 이외에도 다음과 같은 결론이 나온다. 모든 사람들 각자는 타인의 권력 아래에 있는 한 그만큼 타인의 권리(ius) 아래에 있지만, 모든

---

12 (역주) 자연권과 자연적 제도.

폭력을 물리치면서 자신에게 가해진 손해를 자신의 정신의 결정에 따라서 복수할 수 있다면 즉 자신의 뜻에 따라서 완전히 살 수 있다면 그는 자기 자신의 권리를 가지고 있다.

10. 자유와 필연 (4)

어떤 사람이 상대방을 결박했을 때나 상대방의 무기와 방어 수단 및 탈출 수단을 빼앗았을 때 또는 상대방의 공포감을 불러 일으켰을 때, 그 어떤 사람이 상대방에게 베푼 은혜가 너무 커서 상대방이 자신의 생활 방식보다는 은혜 베푼 그 사람의 생활 방식을 따르고 자신의 결성에 따라 살기보다 은혜 베푼 사람의 뜻에 따라 살기를 원할 때는 그 어떤 사람은 상대방을 자신의 권력 아래에 둔 것이다. 앞에서 말한 첫 번째나 두 번째 방식으로 상대방을 자신의 권력 아래에 둔 사람은 오직 그의 신체(corpus)만을 소유할 뿐 정신(mens)은 소유하지 못한다. 그러나 세 번째나 네 번째 방식으로 상대방을 자신의 권력 아래에 둔 사람은 그의 신체와 아울러 정신도 자신의 권리에 속하게 만든다. 그렇지만 공포나 희망이 지속되는 동안에만 그렇게 할 수 있다. 그러나 희망이나 공포가 사라져 버린다면 상대방은 그 자신의 권리 아래에(sui iuris) 남아 있게 된다.[13]

11. 이성적으로 행동하는 사람은 자유롭다

정신이 타인에게 기만당할 수 있는 한 판단 능력(iudicandi facultas)

---

13 (역주) 자기 자신의 권리를 되찾는다는 뜻.

도 타인의 권리에 속할 수 있다. 이로부터 정신은 이성을 옳게 사용할 수 있는 한에서만 자신의 권리를 가질 수 있다는 것이 귀결된다. 왜냐하면 실로 인간의 능력(humana potentia)은 신체의 강건함보다는 정신의 강함에 의해서 평가되어야만 하기 때문이다. 이로부터 이성을 가장 많이 소유할 수 있고 이성에 의해서 가장 잘 인도될 수 있는 사람이 자신의 권리를 가장 많이 가지고 있는 것이다. 그러므로 이성에 의해서 인도되는 인간은 전적으로 자유롭다. 왜냐하면, 인간은 비록 원인에 의해서 행동하도록 결정된다고 할지라도, 오직 자신의 본성에 따라서 적절하게 이해될 수 있는 원인에 의해서 행동을 결정할 것이기 때문이다. 왜냐하면 자유는 (이 장의 7절에서 밝힌 것처럼) 행위의 필연성(agendi necessitas)을 배제하지 않고 오히려 전제로 하기 때문이다.

12. 주어진 약속과 자연권에 의해서 실현된 약속

만일 어떤 사람이 자신의 권리에 따라서 지킬 수도 있고 반대로 지키지 않을 (저킬) 수도 있는, 약속(fides)을[14] 타인에게 했다면, 그 약속은 약속한 사람의 의지가 변하지 않는 동안에만 타당한 것으로 남는다. 왜냐하면 약속을 파기할 권한(potestas)을 가진 사람은 실제로 자신의 권리를 포기한 것이 아니고 단지 말만(verba tantum) 그렇게 했을 뿐이기 때문이다. 그러므로 자연권에 의해서 자신의 재판관인 사람이 자신의 약속이 옳든지 그르든지 간에(오류를 범하는 것은 인간적이기 때문에) 주어진 약속으로부터 이익보다는 손해가 더 생긴다

---

14 (역주) fides는 신앙, 신뢰, 서약, 약속 등의 의미를 가진다.

고 판단한다면 그는 자신의 정신의 판단에 따라서 약속을 파기하여
야 한다고 생각하고 자연권에 의해서(이 장의 9절에 의해서) 약속을
파기한다.

13. 결합된 인간들 사이의 밀접한 관계

만일 두 사람이 함께 일치하고 힘을 결합하면, 그들은 함께 더 힘을
가지며 따라서 각자가 혼자일 때보다 둘 다(함께) 자연에서 더 많은
권리를 소유한다. 그리고 많은 사람(plures)이[15] 이렇게 밀접한 관계
로 결합하면 할수록 그들은 더욱 더 많은 권리를 소유할 것이다.

14. 적대적 본성에 의한 인간

인간들이 분노, 질투 또는 어떤 증오의 정서로 갈등할 때에는 인간들
은 서로 다른 방향으로 이끌려 가 서로 대립하며, 그들은 다른 동물
들보다 더 힘이 있고 교활하며 간사하기 때문에 그만큼 더 공포의 대
상이 된다. 그리고 인간들은 (앞 장의 5절에서 말한 것처럼) 대부분
본성상 이러한 정서들에 예속되어 있으므로 인간들은 본성에 의해서
서로 적들이다.[16] 왜냐하면 내가 가장 두려워 하며, 그에게서 나를 가
장 안전하게 지켜야 하는 그러한 자는 나에게 가장 큰 적이기 때문
이다.

---

15 (역주) plures는 대중 내지 민중(vulgus)을 의미한다.
16 (역주) 이 말은 homo homini lupus(인간은 인간에 대한 늑대)라고 하는 홉스의
   자연 상태의 인간에 관한 정의와 유사하다.

15. 다수의 사람들이 하나로 일치할수록 그들은 함께 더 많은 권리를 소유한다

그러나 (이 장의 9절에 의해서) 자연 상태에서 각자는 타인의 억압으로부터 자신의 억압을 지킬 수 있는 한에 (있어)서만 자신의 권리를 가지며, 오로지 홀로 모든 사람들로부터 자기 자신을 지키려고 애쓰는 것은 쓸모없는 일이다 그러므로 다음의 사실이 귀결된다. 인간의 자연권(ius humanum naturale)이 각자의 힘에 의해서 결정되고 각자에게 속하여 있는 한 그러한 자연권은 존재하지 않는 것이다. 오히려 자연권의 소유에 대한 아무런 보장도 없기 때문에 자연권은 실제로 존재하기보다는 오직 견해(opinio)[17]속에만 존재한다. 각자가 두려워할 원인을 많이 가지면 가질수록 각자의 힘은 약해지며 권리도 줄어든다는 것은 확실하다. 여기에 덧붙여서 인간들은 상호협력 없이는(absque mutuo auxilio) 생활을 영위할 수도 정신을 함양할 수도 없다.

따라서 결론적으로 인류에게 고유한 자연권(ius naturae)은 인간들이 공동의 권리를 가지고 동시에 자기들이 거주하고 경작할 수 있는 땅을 지키고 자신들을 보호하고 모든 폭력을 배격하며 모든 사람의 공동 판단에 따라서 살 수 있는 곳에서만 생각될 수 있다.[18] 왜냐하면 (이 장의 13절에 의해서) 많은 사람이 그렇게 통일되는데에 따라서 모든 사람은 함께 더 많은 권리를 가지기 때문이다. 그리고 만일 스

---

17 (역주) opinio는 견해, 의견, 추측, 기대, 소문 등의 뜻을 가진다. 여기에서 opinio는 관념적, 추상적인 이론으로서의 견해를 가리킨다.

18 (역주) 스피노자의 자연권은 자연 상태, 곧 인간의 자유로운 상태에 있어서의 권리이다. 그러나 홉스의 자연 상태는 원시 야만 상태이고 홉스의 자연권은 이기적이며 적대적인 개인의 권리이다.

콜라철학자들(Scholastici)이[19] 인간들은 자연 상태에서는 그들의 고유한 권리를 거의 가질 수 없다는 이유로 인간을 사회적 동물(animal sociale)이라고 말하고자 한다면 나는 결코 그들에게 반대할 생각이 없다.

16. 특정한 몇 사람들의 권력이 커지면 커질수록 다른 사람들의 권리는 그만큼 더 줄어든다

인간들이 공동의 권리를 가지고 있고 사실상 하나의 정신에 의해서 인도되는 곳에서는 (이 장의 13절에 따라서). 몇 사람이 각 개인보다 힘이 강할수록 더 각 개인의 권리는 그만큼 줄어든다. 곧 각 개인은 공동의 권리가 그에게 용인한 것 말고는 실제로 자연에 대한 어떤 권리도 소유하지 못한다. 게다가 공동의 합의에 따라서 그에게 명령되는 것은 무엇이든지 수행하여야만 하거나 (이 장의 4절에 따라서) 법적으로 그렇게 할 수밖에 없다.

17. 주권과 주권의 세 가지 종류

대중의 힘에 의해서 정의되는 이 권리는 보통 주권(imperium)으로 불리어진다. 그런데 공동의 합의에 따라서(ex communi consensu) 법을 제정하고, 해석하며, 폐지하고, 도시를 방어하며 전쟁과 평화에 대해서 결정하는 등 국무를 돌보는 사람이 이 주권을 완전히 보유한

---

19 (역주) 서양의 중세(기독교)철학은 교부철학(2~9세기), 초기 스콜라철학(10~12세기), 중기 스콜라철학(13세기), 말기 스콜라철학(14세기)등으로 구분된다.

다. 만일 이러한 배려(cura)가[20] 공동의 민중에 의해서 구성된 회의체(concilium)에 속한다면 그 주권을 민주정(democratia)이라고 부른다. 그러나 만일 이러한 배려가 오직 몇몇의 선택된 사람들에 의해서 구성된 회의체에 속한다면 주권을 귀족정(aristocratia)이라고 부르며, 끝으로 만일 한 사람이 국무(reipublicae cura)를, 결과적으로 주권을 소유한다면 그 주권을 군주정(monarchia)이라고 부른다.

18. 자연 상태에는 죄악이 존재하지 않는다

앞에서 밝힌 것과 같이 자연 상태에는 어떤 범죄(peccatum)도 존재하지 않는다는 것이 분명하다. 혹시 만일 어떤 사람이 죄를 저지른다면 그는 자신에 대해서 죄를 저지르는 것이고 다른 사람에게 죄를 저지르는 것이 아니다. 왜냐하면 자연법(ius naturae)에[21] 의해서 아무도 자신이 원하지 않으면 타인의 뜻에 따를 필요가 없으며, 자신이 자기의 뜻에 의해서 선하거나 악하다고 결정한 것 외에는 결코 어떤 것도 선하거나 악한 것으로 여길 필요가 없기 때문이다. 그리고 자연권에 의하면 누구도 행할 수 없는 것 말고는 결코 아무것도 완전히 금지되지 않는다. 이 장의 5절과 8절을 보라. 그러나 범죄는 합법적으로는 행해질 수 없는 행동이다. 만일 인간들이 자연의 의도에 의해서(ex naturae instituto)[22]이성을 통해서 인도되었다고 한다면 모든

---

20 (역주) cura는 다양한 국무를 돌보는 것을 지시한다.
21 (역주) ius naturae는 자연권이나 자연법으로 옮길 수 있다. 스피노자가 말하는 자연법은 아퀴나스의 신법, 자연법, 실정법의 구분 중 자연법에 접근한다. 그러나 홉스의 자연권이나 자연법은 투쟁과 갈등의 상태이므로 스피노자의 자연법과는 거리가 멀다.
22 (역주) institutum은 윤리, 관습, 계획, 의도 등의 의미를 갖는다.

사람들은 필연적으로 이성에 의해서 인도되었을 것이다. 왜냐하면 자연의 의도는 신의 의도(Dei instituta)이고(이 장의 2절과 3절에 의해서), 신은 자신이 함께 가지고 존재하는 것과 똑같은 자유에 의해서 자연의 의도를 만들었으며, 따라서 자연의 의도는 신의 본성으로부터 필연적으로 귀결되고(이 장의 7절을 보라), 따라서 영원하며 결코 파괴될 수 없다. 그러나 인간들은 주로 이성이 아니라 욕구(appetitus)에 따르지만, 자연의 질서를 혼란시키기보다는 자연의 질서를 필연적으로 따른다. 따라서 병든 사람이 건전한 신체를 소유할 수 없는 것과 마찬가지로 무지하며 정신적으로 능력이 없는 사람은 삶을 자연법에 따라서 현명하게 영위할 수 없다.

19. 죄악과 복종은 무엇인가 (1)

따라서 범죄는 오직 국가 내에서(in imperio)만 생각될 수 있다. 말하자면 국가에서는 선한 것과 악한 것이 국가 전체의 공동의 법에 따라서 결정되며, 국가에서는 누구도(이 장의 16절에 의해서) 공동의 명령이나 동의에 따라서 행동하지 않고는 어떤 것도 합법적으로 행할 수 없다. 왜냐하면 (앞 절에서 우리가 말한 것처럼) 합법적으로 행할 수 없는 것이나 법적으로 금지되어 있는 것이 범죄이기 때문이다. 따라서 복종(obsequium)은 법적으로 선하며 공동의 명령에 따라서 당연히 행하여야만 하는 것을 실행하려는 항구적 의지이다.

20. 죄악과 복종은 무엇인가 (2)

그렇지만 우리는 보통 건전한 이성의 명령에 반대되는 것도 범죄라고 부르며, 이성의 규정에 따라서 욕구를 억제하려는 항구적 의지를 복종이라고 부른다. 만일 인간의 자유가 욕구의 방종(appetitus licentia)에 있으며 예속이 이성의 왕국에 있다면 나는 그러한 사실을 전적으로 인정할 것이다. 그러나 인간이 이성에 의해서 인도되고 욕구를 억제할 수 있을수록 인간의 자유는 더욱더 커지기 때문에 특히 제멋대로 말하는 경우가 아니라면 이성적 삶을 복종이라고 부를 수 없다. 그러나 자기 자신에 대한 방종이 아니라 실제로 인간의 무능력이며 인간을 자유롭게 만들기보다 오히려 예속적으로 만들 수 있는 것을 죄악이라고 부르는 것은 특히 적절치 않다. 이 장의 7절과 11절을 보라.

21. 죄악과 복종은 무엇인가 (3)

그러나 실제로 이성은 경건함(pietas)을[23] 수행하고 평온하고 선한 마음을 가지기를 가르치는데, 이것은 오직 국가에서만 행하여질 수 있다. 더 나아가서 대중이 국가에 의해서 요구되는 것처럼 하나의 정신에 의해서 인도되는 것은 이성의 규정에 따라서 제정된 법률 없이는 불가능하다. 따라서 국가에서 익숙하게 살아가는 사람들이 이성의 명령에 반대로 행동한다고 해서 그러한 행동을 범죄라고 부르는 것은 적절하지 않다. 왜냐하면 선한 국가의 법은(이 장의 18절을 보라) 이성의 명령에 따라서 제정되어야만 하기 때문이다. 만일 인간이 죄

---

23 (역주) pietas는 종교적 경건함 이외에도 법에 대한 경의나 숭배를 의미한다. 키케로나 버질이 말하는 pietas는 흔히 애국심 내지 충성심을 뜻한다. 스피노자는 종교적 및 정치적 차원에서 시민이 가져야 할 덕목으로서 경건함(pietas)을 최고의 덕으로 꼽았다.

를 짓는다면, 인간은 자연 상태에서는 자기 자신에게 죄를 짓는 것인데, 그 이유에 대해서는 4장의 4절과 5절을 보라. 거기에서 우리는 주권을 소유하고 자연권을 가진 사람이 법에 구속되고 죄를 범할 수 있다는 것을 어떤 의미에서 말할 수 있는지 증명할 것이다.

22. 자유로운 인간

종교에 관해서 말하자면 다음의 사실 역시 확실하다. 인간이 신을 사랑하고 온 마음으로 경배하면 할수록 인간은 더욱 더 자유로우며 자기 자신에게 가장 성실하다. 그러나 우리가 모르는 자연의 질서를 고려하지 않고 오직 종교에 관계하는 이성의 명령들만을 고려할 때, 동시에 이 명령들이 마치 우리들 안에서 말하는 것처럼 신에 의해서 우리에게 계시되었거나 그것들은 또한 율법의 형식으로 예언자들에게 계시되었다는 것을 알면서 그러한 명령들을 고려할 때 우리는 인간적인 방식으로 말하기 위해서 다음처럼 말할 것이다. 온 마음으로 신을 사랑하는 인간은 신에게 복종하며 이와 반대로 맹목적으로 욕망에 이끌리는 자는 죄를 범한다.[24] 그런데 우리는 똑같은 재료를 가지고 어떤 그릇은 훌륭하게 또 어떤 그릇은 그렇지 못하게 만드는 도공의 손 안에 있는 진흙(lutum)과 마찬가지로 우리들이 신의 권능 안에

---

24 (역주) Hobbes, De cive, 1, 10 참조. 홉스(Thomas Hobbes, 1588-1679)는 근대 영국 경험론 철학자 중 한 사람이고 스피노자는 홉스의 정치철학을 많이 참조하였으나 자연권과 자연법에 대해서는 홉스와 다른 견해를 표명했다. 홉스의 대표 저술로는 「리바이어던(Leviathan)」,1651, 「철학입문(Elementa philosophiae)」이 있고 「철학입문」은 다음의 3부로 되어 있다. 1.「물체론, De corpore」,1655, 「인간론, De homine」,1658, 「시민론, De cive」,1644. 앞으로 홉스의 저술에 관한 「역주」에서는 원저명을 그대로 인용할 것이다.

(in Dei potestate) 있다는 것을 기억하지 않으면 안 된다.[25] 따라서 인간은 우리의 정신이나 예언자들의 정신 안에 법으로서 쓰여진 것과 같은 이러한 신의 명령에 반대해서 행동할 수는 있지만 자연 전체 안에 새겨져 있으며 자연전체의 질서에 관계하는 신의 영원한 명령에 반대해서는 아무것도 행할 수 없다.

23. 정의와 불의

따라서 엄밀한 의미에서 정의와 불의(iustitia et iniustitia) 역시 범죄와 복종(peccatum et obsequium)과 마찬가지로 오직 국가에서만 생각될 수 있다. 왜냐하면 자연에는 우리가 어떤 사람에게는 속하고 다른 사람에게는 속하지 않는다고 말할 수 있는 것이 아무것도 없기 때문이다. 그러나 모든 것은 모든 사람에게, 말하자면 모든 것을 가질 수 있는 힘(potestas)을 가진 모든 사람에게 속한다. 그러나 무엇이 이 사람에게 속하고 또 무엇이 저 사람에게 속하는지가 공동의 법에 의해서 결정되는 국가에서는 각자에게 각자의 것을 인정하려고 하는 항구적 의지를 가진 사람을 정의롭다(iustus)고 일컫는다. 그러나 이와 반대로 타인의 것을 자신의 것으로 만들려고 애쓰는 사람은 불의하다(iniustus)고 일컫는다.

24. 칭찬과 비난

게다가 나는 나의 저서 「에티카」에서[26] 칭찬과 비난(laudatio et

---

25 (역주) '로마서' 9장 21, 22절 참조.
26 (역주) E 3부, 정리 29, 주석 참조.

vituperatio)의 정서는 인간의 덕과 무능함에 대한 관념을 원인으로
동반하는 기쁨과 슬픔의 정서라고 설명하였다.

3

주권

1. 국가와 시민과 신민

통치의 모든 상태는 시민적(civilis)이라고 일컬어진다. 그러나 통치의 전체 조직(imperii integrum corpus)은 국가 공동체 (civitas)로 불리어진다. 그리고 주권(imperium)을 가진 사람의 지도에 의존하는 국가의 공동의 업무는 국사이다. 다음으로 시민권에 따라서 모든 국가의 편의를 누리는 사람들을 시민(cives)이라고 부르며, 그들이 국가의 법령이나 법에(civitatis institutis seu legibus) 복종하여야 하는 한에 있어서 우리는 그들을 신민(subditos)이라고 부른다. 우리는 앞장의 17절에서 세 종류의 시민적 상태를, 곧 민주정과 귀족정과 군주정을 말하였다. 이것들 각각에 대해서 따로따로 논의를 시작하기에 앞서서 나는 먼저 시민적 상태 일반에 속하는 것을 증명할 것이다. 그러기 위해서는 무엇보다도 먼저 국가의 최고 권력의 권리 내지 주권의 권리를 고찰하여야만 한다.

2. 주권과 자연권

앞 장의 15절에 의하면 통치권의 또는 주권의 권리는 자연권 자체이며 각 개인의 힘(potentia)에 의해서 결정되지 않고 마치 하나의 정신에 의해서 인도되는 것과 같은 다수의 사람들에 의해서 결정된다. 곧 자연 상태에 있는 각 개인과 마찬가지로 전체 국가의 신체적 구조와 정신도 국가가 힘을 가진 만큼 권리를 가진다. 따라서 각 시민이나 신민이 권리를 적게 가질수록 국가 자체의 힘은 더 커지며(앞 장의 16절을 보라), 결국 각 시민은 국가의 공동의 명령에 의해서 방어할 수 있는 것 이외에는 아무것도 합법적으로 행할 수도 없고 소유할 수도 없다.

3. 국가의 법령에 의해서는 시민이 자신의 뜻대로 살 수 없다 (1)

만일 국가(civitas)가 어떤 사람에게 그 사람의 뜻에 따라서 살아갈 수 있는 권리를 그리고 결국 권력을 인정한다면(왜냐하면 그렇지 않을 경우 앞 장의 12절에 의해서 오직 말만 주는 것이기 때문에) 국가는 그 사람에게 자신의 권리를 양도함으로써 그 사람에게 권력을 부여하는 것이다. 그러나 만일, 각 개인이 자신의 뜻에 따라서 살도록 하기 위해서 국가가 두 사람 또는 더 많은 사람들에게 이 권력을 부여한다면 국가는 통치권을 분할하게 된다. 그리고 만일 국가가 시민 각자에게 이와 똑같은 권력을 부여한다면 국가는 스스로를 파멸하고 더 이상 국가가 존속하지 못할 것이며 모든 것은 자연 상태로 되돌아갈 것이다. 이 모든 것은 앞에서 말한 것에 의해서 가장 명백해진다. 그러므로 시민 각자가 국가의 법령에 따라서 자신의 뜻대로 살 수 있는 근거는 결코 생각될 수 없으며, 각자가 자신의 재판관이 되게 하는 이 자연권은 시민 상태에서는[1] 필연적으로 중지된다. 나는 '국가의 법령에 따라서(ex civitatis instituto)'라고 분명하게 말한다. 왜냐하면 만일 우리가 문제를 옳게 고려한다면 각자의 자연권은 시민상태에서도 중지되지 않기 때문이다. 그 이유는 인간은 자연 상태에서나 시민 상태에서나 자신의 본성의 법칙에 따라서 행동하고 자신의 이익을 추구할 것이기 때문이다. 인간은 자연 상태이건 시민 상태이건 간에 그들이 느끼는 희망과 공포로 인해 이것, 저것을 행하거나 행하지 않게 된다고 나는 생각한다. 그러나 두 상태 사이의 주된 차이점은 시민 상태에서는 모든 사람이 똑같은 것을 두려워하고, 모든 사람에게 똑같은 안전의 근거와 살아가는 이유가 있다는 것이다. 그러나 물론 이것이 각자의 판단 능력을 없애지는 않는다. 왜냐하면 국가의 모든 명령에 복종하려고 작정한 사람은 국가의 힘을 두려워하든지 아니면 국가의 평온을 사랑하든지 간에 실제로 자기의 뜻에 따라서 자신의 안전과 자신의 이익을 도모할 것이기 때문이다.

4. 국가의 법령에 의해서는 시민이 자신의 뜻대로 살 수 없다 (2)

게다가 모든 시민 각자에게 국가의 명령이나 법을 해석하는 것을 허용하는 일은 생각도 할 수 없다. 왜냐하면, 만일 이러한 일이 각자에게 허용된다면 그 자신은 자신의 재판관이 될 것이기 때문이다. 그 이유는 각자는 아주 쉽게 표면적인 권리의 모습을 가지고 자신의 행위를 변명하거나 장식할 수 있으며 삶을 영위할 수 있기 때문인데 이

---

1 (역주) 시민 상태(status civili)는 바로 국가의 상태이다.

것은(앞의 절에 의해서) 부당하다.

5. 모든 시민은 각자 자신의 권리가 아니라 국가의 권리에 종속되어 있다 (1)

따라서 우리는 다음의 사실을 안다. 모든 시민은 각자 자신의 권리가 아니라 국가의 권리에 종속되어 있으며(unumquemque civem non sui sed civitatis esse), 무엇이 공정하고 불공정한지, 무엇이 경건하고 불경스러운지 결정할 어떤 권리도 없다. 반대로 국가조직(imperii corpus)은 하나의 정신에 의해서 인도되는 것처럼 인도되어야 하므로 결국 국가의 의지는 모든 사람들의 의지로 여겨지며 국가가 옳다고 그리고 선하다고 결정한 것은 모든 사람에 의해서 결정된 것으로 여겨져야 한다. 따라서 비록 신민이 국가의 결정을 불공정하다고 평가한다고 할지라도 신민은 그 결정을 당연히 실행하여야만 한다.

6. 모든 시민은 각자 자신의 권리가 아니라 국가의 권리에 종속되어 있다 (2)

그러나 앞의 주장을 다음처럼 반박할 수 있다. 자신이 타인의 판단에 전적으로 복종하는 것은 이성의 명령에 반대되지 않는가? 시민의 상태는 이성에 배치되지 않는가? 이로부터 시민의 상태는 비합리적이며, 오직 이성을 결여한 사람들에 의해서만 만들어질 수 있고 이성에 의해서 인도되는 사람들에 의해서는 결코 만들어질 수 없다는 사실이 귀결될 것이다. 그러나 이성은 자연에 반대되는 어떤 것도 가르치지 않기 때문에 건전한 이성은 인간이 정서에 종속되어 있는 한 (앞 장의 15절에 의해서) 각자가 자신의 권리를 지녀야한다고 명령하지 않는다. 곧 (1장의 5절에 의해서) 이성은 각자가 자신의 권리를 가질 수 있는 것을 부정한다. 더구나 이성은 전적으로 평화를 추구하도록 가르치며, 평화는 물론 국가의 공동의 법이 침해당하지 않고 지켜질 때만 유지될 수 있다. 따라서 인간이 이성에 의해서 인도되면 될수록, 곧 앞 장의 11절에 의해서 더 자유로울수록 더 항구적으로 국가의 법을 지키고 자신이 신민인 주권의 명령을 수행할 것이다. 여기에 부가될 사항은, 시민의 상태(status civilis)는 공동의 공포를 제거하고 공동의 재난을 방지하기 위해 자연적으로 세워졌다는 것이다. 따라서 시민의 상태의 주요 목표는 이성에 의해서 인도되는 각자가, 자연 상태에서는 아무리 애써서 추구해도 전혀 달성할 수 없다(앞 장의 15절에 의해서). 따라서 이성에 의해서 인도되는 인간이 이성에 배치되는 것으로 알고 있는 것을 언젠가 국가의 명령에 의해서 해야만 한다고 할지라도, 거기에서 생기는 손해는 시민 상태 자체에서 생기는 이익에 의해서 충분히 보상된다. 왜냐하면 두 개의 악들 중에서 보다 작은 악을 택하는 것 또한 이성의 법칙(rationis lex)이기 때문이다. 따라서 우리는 어떤 사람도 국가의 법이 요구하는 것을 행하는 한 자신의 이성이 명령하는 것에 어긋나게 활동하지 않는다고 결론내릴 수 있다. 이러한 사실은 국가의 힘, 결국 국가의 권리가 어디까지 확장될 수 있는지 설명할 경우 누구나 한층 더 쉽게 동의할 것이다.

7. 모든 시민은 각자 자신의 권리가 아니라 국가의 권리에 종속되어 있다 (3)

먼저 다음의 사실이 고찰되어야 한다. 자연 상태에서(앞 장의 11절에 의해서) 이성에 의해서 인도되는 사람이 가장 강하며 자신의 권리를 가장 많이 가지고 있는 것처럼 이성에 의해서 정립되고 통치되는 국가가 가장 강하고 자신의 권리를 가장 많이 가질 것이다. 왜냐하면 국가의 권리(civitatis ius)는 하나의 정신과 같은 것에 의해서 인도되는 대중의 힘에 의해서 결정되기 때문이다. 그러나 정신의 이러한 통일은 건전한 이성이 모든 인간들에게 유용하다고 가르치는 바로 그것을 국가가 목적으로 삼을 때만 근거를 가지는 것으로 생각될 수 있다.

8. 모든 시민은 각자 자신의 권리가 아니라 국가의 권리에 종속되어 있다 (4)

두 번째 다음의 사실도 고찰되어야 한다. 신민은 국가의 힘이나 위협을 두려워하는 한, 또는 시민의 상태를 사랑하는 한, 자신의 권리가 아니라 국가의 권리에 종속되어 있다(앞장의 10절에 의해서). 이로부터 다음의 사실이 귀결된다. 보상이나 위협에 의해서 사람의 마음을 움직일 수 없는 것은 국가의 권리에 속하지 않는다. 예컨대 아무도 자신의 판단력을 포기할 수 없다. 어떤 보상이나 위협이 인간에게 전체가 부분보다 크지 않다든가, 신이 존재하지 않는다 또는 유한하다고 보는 물체를 무한한 존재자로 믿게 하고 자신이 감각하고 생각하는 것과 완전히 반대되는 것을 믿게 할 수 있겠는가? 또한 마찬가지로 어떤 보상이나 위협이 증오하는 사람을 사랑하게 하거나 사랑하는 사람을 증오하게 할 수 있겠는가?

그런데 여기에는 또한 인간의 본성이 매우 혐오해서 모든 악보다 더 악하다고 여기는 것, 즉 인간이 자신의 뜻에 반대되는 증언을 하거

나, 자학하거나, 자기의 부모를 살해하거나, 죽음을 피하려고 하지
않으며, 어떤 보상이나 위협으로도 하지 못하게 할 수 없는 것들도
역시 언급되어야만 한다.[2] 그렇지만 만일 국가는 그와 같은 것들을
명령할 권리나 권력(ius sive potestas)을 가지고 있다고 말한다면, 인
간이 정당하게 미치거나 정신착란에 빠질 수 있다고 말하는 것이나
마찬가지이다. 아무도 구속할 수 없는 권리는 단지 광기(delirium)에
지나지 않을 것이기 때문이다. 나는 여기에서 국가의 권력에 속할 수
없는 것 그리고 인간의 본성이 대체로 혐오하는 것에 대해서 말하고
있다.

왜냐하면 어리석은 사람이나 미친 사람을 결코 보상에 의해서도 또
위협에 의해서도 명령을 수행하게 할 수 없고, 어떤 특정한 종교에
귀의한 사람은 국가의 법을 모든 악보다 더 악하다고 판단할 수 있
다. 그렇지만 국가의 법은 효력을 상실하지 않는다. 왜냐하면 대부분
의 시민은 국가의 법에 구속되어 있기 때문이다. 따라서 어떤 것도
두려워하지 않으며 국가에 아무런 희망도 갖지 않는 사람들도 그들
나름의 권리를 가지고 있기 때문에(앞 장의 10절에 의해서), 그러한
사람들은(앞 장의 14절에 의해서) 합법적으로 제재할 수 있는 국가
의 적들(imperii hostes)이다.

9. 모든 시민은 각자 자신의 권리가 아니라 국가의 권리에 종속되어 있다 (5)

마지막 세 번째로 고찰하여야만 하는 것은 대부분의 사람들이 분노

---

2 (역주) Hobbes, De cive II, 18-19, VI, 13 참조.

를 일으키는 일은 국가의 권리에 거의 속하지 않는다는 사실이다. 왜
냐하면 인간들은 본성에 따라서 공동의 두려움 때문에서든지 또는
어떤 공동의 손해를 복수하기 위해서든지 간에 하나의 결탁에 이르
게 된다는 사실이 확실하기 때문이다. 그리고 국가의 권리는 대중의
공동의 힘에 의해서 정의되기 때문에[3] 국가의 힘과 권리(potentia
civitatis et ius)는 국가가 많은 사람들을 하나로 결탁하도록 하는 원
인을 제공하는 한에 있어서 감소되는 것이 확실하다. 국가는 확실히
스스로 두려워 할 어떤 것을 가지고 있으며, 또한 시민 각자나 자연
상태의 인간과 마찬가지로 국가는 두려워할 원인을 많이 가질수록
그만큼 자신의 권리는 줄어든다. 그러면 신민에 대한 최고 권력의 권
리(ius summarum potestatem)에[4] 대해서는 이 정도로 말하겠다. 그
렇지만 다른 최고 권력들의 권리에[5] 대하여 다루기 전에 보통 종교에
대해서 생기는 문제를 해결하여야 할 것 같다.

10. 종교적 문제

왜냐하면 우리가 시민 상태에서 요구되는 것으로 밝힌 시민 상태와
신민의 복종(status civilis et subditorum obedientia)이 우리가 신을
당연히 경배해야만 하는 종교를 소멸시키지 않는가라는 반론이 제기
될 수 있기 때문이다. 그러나 만일 문제 자체를 숙고한다면 의심을
일으킬 수 있는 것은 어떤 것도 발견하지 못할 것이다. 왜냐하면 정
신이 이성을 사용하는 한 정신은 최고 권력에 속하지 않고 자신의 권

---

3 (역주) Hobbes, De cive VI, 18 참조.
4 (역주) 최고 권력의 권리는 바로 주권의 권리를 말한다.
5 (역주) 외국들의 권리를 뜻한다.

리에 속하기 때문이다(앞 장의 11절에 의해서). 따라서 신에 대한 참
다운 인식과 사랑은 마치 이웃에 대한 사랑(erga proximum caritas)
처럼[6] 아무의 지배에도 종속될 수 없다(이 장의 8절에 의해서). 그리
고 만일 더 나아가서 우리가 최고의 사랑의 실천이 평화를 유지하고
화합을 촉진하기 위한 것이라는 사실을 고려한다면 국가의 권리가,
곧 국가의 일치와 안정이 허용하는 한에서 타인을 돕는 사람은 실제
로 자신의 책무를 다하고 있다는 것을 의심해서는 안 된다. 외적 종
교 의식은 신에 대한 참다운 인식과 그러한 인식에서 필연적으로 생
기는 사랑에 대해 전혀 이익도 될 수 없고 손해도 될 수 없다는 사실
은 확실하다. 따라서 외적 종교 의식은 공공의 평화와 안정을 교란할
만큼 그렇게 만들어져 있는 것은 아니다. 게다가 확실히 나는 자연권
에 의한, 곧(앞 장의 3절에 의해서) 신의 명령에 의한 종교의 옹호자
(religionis vindex)는 아니다. 왜냐하면 내게는 일찍이 그리스도의 제
자들에게 부여되었던 것과 같은 악령을 몰아내고 기적을 행하는 능
력이 전혀 주어져 있지 않기 때문이다. 물론 이러한 능력은 종교가
금지된 지역에 종교를 전파하기 위해서 필요하다. 이러한 능력이 없
으면 보통 사람들이 말하는 것처럼 종교의 전파는 노력과 일을 허비
했을 뿐만 아니라 수많은 불행을 초래하였다. 모든 세기는 이러한 일
들에 대한 가장 고통스러운 예들을 보아 왔다. 그러므로 각자는 자신
이 어디에 있든지 간에 참다운 종교로써 신을 경배하고 자기 자신을
배려할 수 있는데 이것은 개인의 의무이다. 이 외에도 종교의 전파에
대한 배려는 신이나 주권에 맡겨져야 하는데, 공공 업무에 대한 배려
는 오직 주권에 위임되어야 한다. 이제 다시 주제로 되돌아가겠다.

---

6 (역주) caritas는 숭배, 사랑, 이웃 사랑 등의 의미를 가지며 amor와 같은 의미로
  사용되기도 한다.

11. 다른 국가들에 대한 주권의 권리 (1)

시민들에 대한 주권의 권리와 신민들의 의무를 이미 설명했으므로 우리는 다른 국가들에 대한 주권의 권리를 살펴보아야 하는데, 이것은 이미 말한 것으로부터 쉽게 알 수 있다. 왜냐하면(이 장의 2절에 의해서) 주권의 권리는 자연권 자체 이외의 아무것도 아니므로 두 국가 간의 상호 관계는 자연 상태에 있는 두 사람 간의 관계와 마찬가지라는 결론이 내려진다. 차이가 있다면 국가는 타국의 억압에 대해서 자신을 지킬 수 있고 자연 상태의 인간은 그렇게 할 수 없다는 것이다. 물론 인간은 매일 잠을 자고 자주 병에 걸리거나 정신적으로 고통당하며 결국 나이 들어 괴로워하며, 이 이외에도 국가라면 스스로 안전하게 지킬 수 있는 다른 불편한 일들에 예속되어 있다.

12. 다른 국가들에 대한 주권의 권리 (2)

따라서 국가는 자기 자신을 배려하고 다른 국가들의 압력에 대해서 지킬 수 있는 한, 자기 자신의 권리를 가지며(앞 장의 9절과 15절에 의해서), 또한 (앞 장의 10절과 15절에 의해서) 다른 국가들의 힘을 두려워하거나 자신이 실행하고자 한 것이 다른 국가들에 의해서 방해당하거나 자신을 보존하고 확대하기 위해서 다른 국가들의 도움을 필요로 할 때에는 다른 국가들의 권리에 종속하게 된다. 왜냐하면 우리는 다음의 사실을 결코 의심할 수 없기 때문이다. 만일 두 국가들이 상호 협력하고자 한다면 두 국가들은 홀로 있을 때보다 서로 더 강해지며 결국 함께 더 많은 권리를 소유한다(앞 장의 13절을 볼 것).

13. 적대적인 국가들의 본성

그러나 이와 같은 것은 만일 우리가 두 국가들은 본성상 적이라는 사
실을 생각해 본다면 한층 더 명백하게 이해될 수 있다. 왜냐하면 인
간들은 (앞 장의 14절에 의해서) 자연 상태에서는 서로 적들이기 때
문이다.[7] 따라서 국가의 외부에서 자연권을 보유하고 있는 자들은 적
으로 남게 된다. 그래서 만일 한 나라가 다른 국가에 대해서 전쟁을
벌이고 그 국가를 자신의 권리에 종속시키려고 온갖 수단을 동원하
고자 한다면 그 나라는 합법적으로 그렇게 할 수 있다. 왜냐하면 전
쟁을 이끌어 가기 위해서는 한 나라가 전쟁에 대한 의지를 가지는 것
으로 충분하기 때문이다. 그러나 평화(pax)에 대해서는 다른 국가의
의지와 일치하지 않고서는 어떤 것도 결정될 수 없다. 그러므로 전쟁
의 권리(iura belli)는 각 국가에 속하지만 평화에 대한 권리는 한 국
가에 속하지 않고 최소한 두 국가들에 속하며, 따라서 이러한 국가들
은 조약체결국이라고 불린다.

14. 연합 상태, 전쟁 상태, 평화 상태 (1)

이와 같은 조약(foedus)은 조약 체결의 원인이, 곧 손해에 대한 두려
움이나 이득에 대한 희망이 있는 동안에만 굳게 남아 있다. 그러나
전자나 후자가[8] 두 국가들 중 한 국가에서 없어지면 각 국가는 자신
의 권리를 되찾는다(앞 장의 10절에 의해서). 그래서 국가들을 서로

---

7 (역주) 스피노자의 이러한 표현은 홉스의 영향을 보여 준다. 홉스에 의하면 자연
  상태의 인간은 모두 "인간은 인간에 대한 늑대, homo homini lupus"이다.
8 (역주) 손해에 대한 두려움이나 이득에 대한 희망.

묶었던 유대(vinculum)는 자동적으로 무너진다. 따라서 각각의 국가는 원할 때면 언제든지 조약을 해소할 수 있는 권리를 가지고 있으므로 어떤 국가가 공포나 희망의 원인이 제거된 다음에 서약을 깼다고 해서 다른 국가들은 그 국가를 기만적으로 또는 불성실하게 행동한다고 언급할 수 없다.[9] 왜냐하면 각 조약체결국은 이 조건에 있어서는 똑같기 때문이다. 말하자면 우선 공포를 벗어난 국가는 자신의 권리를 가지기 때문에 자신의 뜻의 결정에 따라서 자신의 권리를 사용할 수 있다. 왜냐하면 어떤 나라라도 앞선 상황이 계속해서 정립될 경우에만 미래의 계약을 체결할 것이기 때문이다.

그러나 이러한 것들이 변하면 전체 상황의 근거도 역시 변한다. 이러한 이유에서 각 조약체결국은 자기 자신의 이익을 고려할 권리를 소지하며, 따라서 각 국가는 가능한 한 공포를 벗어나서 결국 자신의 권리를 가지기 위해서 노력하며 다른 작은 나라가 더 강하게 되는 것을 방지하기 위해서 노력한다. 그러므로 만일 한 국가가 기만당했다고 불평하면서 조약 상대국이 서약을 지키지 않았다고 비난할 수는 없고, 자기 나라의 안녕을 제 나름의 권리를 가지고 국가의 복지를

---

9 (역주) Machiavelli, N, Il Principe, 18장 참조. 마키아벨리(1469~1527)는 이탈리아의 정치 사상가, 역사 학자, 외교가이다. 메디치 가문의 몰락 후 마키아벨리는 피렌체 공화국의 외교 군사 위원회 사무국장을 역임했으나 메디치가의 복귀로 실각하여 은둔 생활을 하며 저술에 몰두했다. 그의 저술들은 다음과 같다: 만드라골라(Mandragola),1518. 전쟁술(Arte della guerra),1521. 티투스 리비우스의 첫 번째 열권의 책들에 대한 담론(Discorsi sopra la prima deca di Tito Livio),1531. 군주론(Il Principe),1532. 피렌체 역사(Istorie Fiorentine), 1532. 저술들 중 만드라골라는 희곡 작품이다. 마키아벨리는 「군주론」에서 군주의 책무는 국가의 통일과 평화 유지이고 이를 위해서는 도덕이나 종교에 구속되지 말고 비논리적이고 반윤리적인 수단도 사용할 줄 알아야 한다고 주장하였다. 다시 말해서 국가의 통일과 평화를 위해서 군주는 권모술수를 가리지 말아야 한다고 말하였다.

최고의 법으로 삼는 타국에게 위임하려고 했던 자신의 어리석음만을 비난할 수 있는 것이다.

15. 연합 상태, 전쟁 상태, 평화 상태 (2)

평화조약을 체결한 나라들에는 자기들끼리 서로 지켜야만 하는 평화의 조건이나 법에서 생길 수 있는 문제들을 해결할 권리가 귀속된다. 왜냐하면 평화에 대한 법(pacis iura)은 한 국가에 관한 것이 아니고 조약을 체결한 양국에 관한 것이기 때문이다(앞 장의 13절에 의해서). 만일 국가들 사이에서 이 문제들에 대해서 일치할 수 없다면 국가들은 전쟁 상태로 되돌아간다.

16. 연합 상태, 전쟁 상태, 평화 상태 (3)

많은 국가들이 함께 평화조약을 체결하면 할수록 각 국가는 다른 국가들을 덜 두려워하거나 또는 각 국가는 전쟁을 도발할 권력을 덜 가진다. 그러나 그만큼 더 평화의 조건을 지키지 않으면 안 된다. 곧(이 장의 13절에 의해서) 그만큼 자신의 권리를 덜 가지지만, 그만큼 더 조약체결국의 공동의 의지에 자신이 순응하지 않으면 안 된다.

17. 연합 상태, 전쟁 상태, 평화 상태 (4)

그 이외에도 건전한 이성과 종교가 지킬 것을 가르치는 서약(fides)은[10] 결코 조약체결국들의 공동의 의지에 의해서 폐기되지 않는다.

---

10 (역주) fides는 신뢰, 신앙, 맹세, 약속, 서약 등의 의미를 가진다.

왜냐하면 이성이나 성서나 모두 주어진 모든 약속을 다 지키라고 가르치지는 않기 때문이다. 왜냐하면, 예컨대 어떤 사람이 비밀리에 보관하라고 나에게 맡긴 돈을 지키기로 그 사람과 약속했다면 그 돈이 훔친 것이라는 사실을 알거나 안다고 확신했을 때는 약속을 지킬 의무가 없다. 그러나 그 돈을 원래 주인에게 돌려주려고 내가 애쓴다면 그것은 한층 더 옳게 행동하는 일이 될 것이다. 또한 마찬가지로 주권이 다른 나라에 어떤 것을 약속했을 때 시간이 지나면서 그 약속이 신민의 안녕을 해치거나 해치는 것으로 보일 경우 약속은 물론 당연히 파기되어야만 한다. 따라서 성서는 일반적으로만 약속을 지킬 것을 가르치며, 특별한 경우 개인적 판단에 맡기기 때문에 성서는 방금 우리가 제시한 것들에 반대되는 것은 아무것도 가르치지 않는다.

18. 연합 상태, 전쟁 상태, 평화 상태 (5)

내 논의의 모든 실마리가 중단되지 않도록 그리고 앞으로의 유사한 반론들을 해결하기 위해서 나는 다음의 사실을 지적하고자 한다. 나는 앞의 모든 것들을 인간의 본성이 어떤 식으로 고찰되든지 간에 인간의 본성에 의해서, 곧 모든 사람들에게 보편적인 자기 보존의 성향 (conatus sese conservandi)에 의해서 필연적으로 증명하려고 하였다. 이러한 성향은[11] 무식하든지 유식하든지 간에 모든 인간들에게 내재 (內在)한다. 따라서 인간을 어떤 식으로 고찰하든지 간에, 즉 인간이

---

11 (역주) conatus는 스피노자에게 있어서 자연의 가장 근원적인 힘(성향 또는 노력)이다. conatus가 움직이면 욕구(appetitus)가 되며 욕구가 의식될 경우 그것은 욕망(cupiditas)이 된다. conatus에 대한 상세한 논의는 「에티카」에서 전개되고 있다.

정서에 의해서 인도된다 아니면 이성에 의해서 인도된다고 고찰하든지 간에 사태는 똑같은 것이다. 왜냐하면 이미 말한 것처럼 증명은 보편적이기 때문이다.

4

공적인 과제들

1. 국가에 관련된 과제들 (1)

나는 앞 장에서 주권의 힘(potentia)에 의해 결정되는 주권의 권리 (ius summarum potestatum)를[1] 해명하였다. 따라서 그 권리의 가장 중요한 것은 모든 사람이 따르지 않으면 안 되는 국가의 정신 (imperii mens)이라는 것을 알았다. 오직 이 권리만이 무엇이 선이고 악인지, 무엇이 평등이고 불평등인지, 곧 한 사람 또는 모두가 함께 무엇을 하여야 하고, 하지 말아야 할지 결정할 권리를 가진다. 오직 주권만이 법률을 제정하고, 법률에 대해서 문제가 생겼을 때 각각의 특별한 경우를 해석하고 주어진 경우가 적법한지 위법한지를 결정할 권리를 가진다(앞 장의 3, 4, 5절을 보라). 다음으로 이러한 권리는 전쟁을 수행하거나 평화 조건을 작성하고 제시하거나 타국이 제시한 평화 조건을 수용할 권리를 가진다(앞 장의 12절과 13절을 보라).

---

1 (역주) 주권의 권리는 바로 최고 권력(자)의 권리이기도 하다.

2. 국가에 관련된 과제들 (2)

이 모든 것들과 이 모든 것들을 실행하기 위해서 요구되는 수단들 또한 국가의 전체 조직에, 곧 국무에 관련되는 모든 업무이기 때문에 국무는 오직 주권을 소유한 사람의 지도에만 의존한다는 결론이 나온다. 따라서 각자의 행동에 대해서 판단하고, 각자의 행동의 이유를 묻고, 범인에게 벌을 내리고, 시민들 사이의 소송을 해결하거나 국가를 대신해서 공적 업무를 관리할 법에 해박한 법률가를 임명하는 것도 주권의 권리에 속한다. 다음으로 전쟁과 평화를 위해서 모든 수단을 정리하는 권리, 즉 도시를 건설하고 방어하며, 군인을 모집하고 군대의 직책을 부여하고, 군인이 무엇을 하여야 할지를 명령하고, 평화 사절을 파견하고 접견하며, 끝으로 이 모든 것을 위한 비용을 거두어들이는 일도 주권의 권리에 속한다.

3. 국가에 관련된 과제들 (3)

공무를 처리하거나 공무를 담당할 관리를 선정하는 일은 오직 주권의 권리에 속하기 때문에 신민이 최고 회의의 결정을 거치지 않고 어떤 공무를 자신의 뜻대로 다루는 것은 자신이 행하고자 의도하는 것이 국가에 최대의 이익이라고 믿는다 해도 주권에 대한 월권인 것이다.

4. 어떤 의미에서 국가가 죄를 범한다, 또는 범하지 않는다고 말할 수 있는가 (1)

그러나 주권 역시 법에 의해서 구속 받는가? 그렇다면 주권도 죄를 범할 수 있는가와 같은 물음이 제기된다. 그러나 법과 죄(lex et peccatum)는 국가의 법에 관한 명칭일 뿐만 아니라 모든 자연 사물과 특히 이성의 보편적 규칙에 관계되는 명칭이기 때문에 우리는 국가가 법에 구속당하지 않는다거나 죄를 저지를 수 없다고 절대적으로 말할 수는 없다. 왜냐하면, 국가는 법이나 규칙이 없으면 국가일 수 없는데, 만일 국가가 어떤 법이나 규칙에도 구속되어 있지 않다면 국가는 자연적인 것이 아니라 망상의 산물(chimaera)로 여겨질 것이기 때문이다. 따라서 국가는 자신을 파멸시킬 수 있는 원인을 행동하거나 당할 때 죄를 범한다. 그리고 이때 우리는 철학자들이나 의사들이 자연이 죄를 범한다고 말하는 것과 똑같은 의미에서 국가가 죄를 범한다고 말하는 것이다. 그리고 이러한 의미에서 국가가 이성에 반대해서 어떤 것을 행할 때 우리는 국가가 죄를 범한다고 말할 수 있다. 왜냐하면 국가는 이성의 명령에 따라서(ex dictamine rationis) 행동할 때(앞 장의 7절에 의해서) 최대한으로 자신의 권리를 가지기 때문이다. 따라서 국가는 이성에 반대해서 행동하는 한, 자신을 그르치거나 죄를 범한다.

   그런데 이러한 것들은 우리가 다음의 사실을 고려한다면 한층 더 분명하게 이해될 것이다. 각자는 자신이 주인인 어떤 것에 대해서 자신이 원하는 것을 결정할 수 있다고 우리가 말한다면, 이와 같은 권력(potestas)은 행위자의 힘뿐만 아니라 피행위자의 능력에 의해서도 정의되지 않으면 안 된다. 왜냐하면 예컨대 만일 내가 이 책상(hac mensa)을 가지고 내가 원하는 대로 무엇이든지 할 수 있다고 말한다면, 그 말을 가지고 책상으로 하여금 풀을 먹게 할 수 있는 권리를 내가 가지고 있다고 이해해서는 안 된다. 이와 마찬가지로 인간들은 자신의 권리가 아니고 국가의 권리에 의존한다고 우리가 말한다고 할지라도, 우리는 그 말을 가지고 인간은 인간의 본성을 상실하고 다른 본성을 가지게 된다고 이해해서는 안 된다. 그래서 국가가 사람들을 날아가게 할 수 있는 권리를 가지고 있다든가, 마찬가지로 불가능한 일이지만 비웃음과 구토를 자아내게 하는 것을 사람들로 하여금 명예로운 것으로 여기게 할 권리를 국가가 가지고 있는 것으로 이해해서는 안 된다. 오히려 인간에게 가능한 특정한 상황이 일어날 수 있고 그 상황이 정립되면 국가에 대한 신민의 존경과 공포가 유지되며 그러한 상황이 없어지면 공포와 존경이 국가와 함께 소멸된다. 따라서 국가가 자신의 권리를 가지기 위해서는 공포와 존경의 원인을 지키지 않으면 안 된다. 그렇지 않으면 국가는 국가이기를 중지한다. 왜냐하면 주권을 소유한 사람들이 술에 취하여 벌거벗고 매춘부와 길거리를 배회한다든지, 배우를 흉내 낸다든지, 자기 자신이 정한 법을 공공연히 위반하거나 멸시해서는 국가의 위엄을 지키는 것이 불가능하다. 이것은 있으면서 동시에 있지 않는 것(simul esse et non esse)이[2] 불가능한 것과 마찬가지이다. 다음으로 신민을 학살하고 약탈하며 처녀를 농락하고 이와 유사한 일을 하는 것은 공포를 분노로 그리고 결국 시민 상태를 적대적인 상태로 변화시킨다.

5. 어떤 의미에서 국가가 죄를 범한다, 또는 범하지 않는다고 말할 수 있는가 (2)

따라서 어떤 의미에서 국가가 법에 구속되고 죄를 범할 수 있는지 우리는 알게 되었다. 그러나 만일 우리가 법(lex)을 시민권 자체에 의해

---

2 (역주) 예컨대 "나는 존재하면서 동시에 존재하지 않는다"는 명제는 성립 불가능한 주장이다.

서 지켜질 수 있는 시민법(ius civile)으로, 그리고 죄(peccatum)를 시
민법에서 금지된 것으로 이해한다면, 곧 만일 이 명칭들이 말 그대로
의 의미로 받아들여진다면 우리는 어떤 이유에서도 국가는 법에 구
속되거나 죄를 범할 수 있다고 말할 수 없다. 왜냐하면 국가가 자신
을 위해서 지켜야만 하는 규칙들과 공포와 존경의 원인들은 시민권
이 아니라 자연권에 관계되기 때문이다. 왜냐하면 그것들은 시민법
에 의해서가 아니라 전쟁의 권리(ius belli)에 의해서 지켜질 수 있기
때문이다(앞 절에 의해서). 그래서 국가는 마치 인간이 자기 자신의
주인이 될 수 있거나, 자기 자신의 적이 되지 않거나, 자기 자신을 죽
이지 않기 위해서 자기 자신을 지키려고 자연 상태에 속하여 있는 것
처럼 국가도 그러한 규칙들과 원인들에 구속되어 있다. 물론 이와 같
은 주의는 복종이 아니고 인간 본성의 자유이다. 그러나 시민권은 오
직 국가의 명령에만 의존한다. 그런데 국가는 자유롭기 위해서 자기
이외에는 어떤 것에도 결코 구속되어 있지 않으며, 자기 자신이 선하
거나 악하다고 결정하는 것 이외에는 어떤 다른 것도 선하거나 악하
다고 여길 필요가 없다. 그러므로 국가는 자신을 지키고 법을 제정하
고 해석할 수 있는 권리를 가질 뿐만 아니라 법을 폐지하고 죄 지은
자를 자신의 충분한 능력으로 용서할 수 있는 권리도 가진다.

6. 어떤 의미에서 국가가 죄를 범한다, 또는 범하지 않는다고 말할 수 있는가 (3)

대중이 자신의 권리를 회의나 특정인에게 위임하는 계약이나 법은
공적 안녕의 이익이 그것을 폐지할 것을 요구할 때 바로 파기되지 않
으면 안 된다는 것은 의심할 여지가 없다. 그러나 이 문제에 대한 판

단은, 곧 그러한 계약이나 법을 파기하거나 파기하지 않는 것이 공적 복지에 이익이 되는지의 여부에 대한 판단은 결코 개인이 아니라 오직 주권을 보유한 사람만이 합법적으로 내릴 수 있다(이 장의 3절에 의해서). 따라서 시민권에 의해서 오직 주권을 보유한 자만이 법의 해석자로 남는다. 여기에 덧붙여서 주권을 보유하지 않은 어떤 개인도 법을 합법적으로 지킬 수 없다. 그러므로 법은 주권을 가진 자를 실제로 구속하지 않는다. 그렇지만 만일 국가가 힘이 약화되고 대다수 시민의 공포가 분노로 변해서 법이 파기되어야만 할 경우 그것만으로 국가는 해체되고 계약은 중지되며, 따라서 계약은 시민권이 아니라 전쟁의 권리에 의해서 지켜진다. 따라서 주권을 보유한 자는, 우리가 앞 절에서 말한 것처럼 인간이 스스로 적이 되지 않고 자신을 죽이지 않으려고 자신을 지키기 위해서 자연 상태에 구속되어 있는 것과 똑같은 이유에서 당연히 이 계약의 조건들을 지키지 않으면 안 되는 것이다.

5

최선의 국가 상태

1. 이성적 규정에 의해서 설립된 최선의 국가

2장의 11절에서 우리는 인간이 최대한으로 이성에 의해서 인도될 때 최대한으로 자신의 권리를 가진다는 것을, 그래서 결국(3장의 7절을 보라) 이성을 기초로 삼고 이성에 의해서 통치되는 국가가 가장 강하며 최대한으로 자신의 권리를 가지고 있다는 것을 밝혔다. 그러나 가능한 한 자기 자신을 보존하기 위한 최선의 생활 방식은 이성의 규정(praescriptum rationis)에 의해서 세워진 것이므로 인간이나 국가가 최대한으로 자신의 권리를 가지는 한에서 행하는 모든 것은 가장 선하다. 왜냐하면 권리에 의해서 행하여졌다고 우리가 말하는 모든 것이 최선으로 행해졌다고 우리가 주장할 수 없기 때문이다. 왜냐하면 밭을 경작할 권리를 가지는 것과 밭을 최선으로 경작하는 것은 별개의 문제이기 때문이다. 다시 말해서 권리를 가지고 자신을 지키고 자신을 보존하며 판단하는 것 등과 최선으로 자기를 지키고 보존하며 최선의 판단을 내리는 것은 별개의 문제이다. 결국 권리를 가지고 통

치하며 공무를 관장하는 것과 최선으로 통치하며 최선으로 공무를
관리하는 것은 별개의 문제이다. 각 국가의 권리 일반에 대해서 다루
었으므로 이제는 각 국가의 최선의 상태에 대해서 다루기로 하겠다.

2. 시민 상태의 목적과 최선의 국가 (1)

그러나 각 국가의 상태가 어떤가 하는 것은 시민 상태의 목적에 의해
서(ex fine status civile) 쉽게 알 수 있다. 말하자면 그것은 삶의 평화
와 안전(pax vitaeque securitas) 이외의 어떤 것도 아니다. 따라서 인
간들이 화합하여 삶을 영위하고 법이 훼손되지 않고 지켜지는 국가
가 최선의 국가이다. 왜냐하면 반란, 전쟁, 법의 경멸과 훼손은 신민
의 사악함이 아니라 잘못된 국가의 상태에 그 원인이 있기 때문이다.[1]
그 이유인즉 인간들은 시민으로 태어나는 것이 아니라 시민으로 만
들어지기 때문이다.[2] 게다가 인간의 자연적 정서는 어디에서나 다 똑
같다. 따라서 만일 어떤 국가에서 다른 국가보다 더 많은 사악함이
지배하고 더 많은 범죄가 저질러진다면 다음의 사실이 확실하다. 그
국가는 충분히 화합을 대비하지 못하여, 법을 충분히 신중하게 정비
하지 못하여 결국 완전한 국가의 권리를 획득하지 못했기 때문에 그
러한 일들이 생긴 것이다. 왜냐하면 반란의 원인을 제거하지 못하고,
전쟁의 공포가 계속되며 마지막으로 법이 자주 침해당하는 시민의
상태는 자연 상태 자체와 크게 다르지 않은데, 그러한 시민의 상태에
서 각자는 커다란 삶의 위험을 무릅쓰고 자신의 뜻대로 살아간다.

---

1 (역주) Machiavelli, N., Discorsi III, 29 참조.
2 (역주) Hobbes, De cive 1, 2, n.1 참조.

3. 시민 상태의 목적과 최선의 국가 (2)

그러나 신민의 악덕과 지나친 방종과 반항이 국가의 탓인 것과 마찬
가지로 신민의 덕과 항구적인 법에 대한 존경은 2장의 15절에서 분
명한 것처럼 완전히 국가의 덕과 권리에 속한다. 따라서 한니발의[3]
군대에서 반란이 한 번도 일어나지 않은 것은 한니발의 탁월한 덕 때
문이었다고 하는 것이 당연하다.

4. 시민 상태의 목적과 최선의 국가 (3)

신민이 공포가 두려워서 무기를 손에 잡지 못하는 국가는 선생 상태
에 있지는 않지만 평화 상태에 있지도 않다고 말하여야 한다. 왜냐하
면 평화는 전쟁의 부재가 아니고 정신의 힘에서(ex animi fortitudine)
생기는 덕이기 때문이다. 그 이유인즉 복종은(2장의 19절에 의해서)
국가의 공동의 명령에 따라서 행하지 않으면 안 되는 것을 실행하기
위한 항구적인 의지이기 때문이다. 게다가 오직 복종하는 것만을 배
우기 위해서 마치 양처럼 끌려가는 신민의 나태함에 의존하는 국가
는 국가라기보다는 오히려 황무지라고 말할 수 있다.[4]

5. 시민 상태의 목적과 최선의 국가 (4)

따라서 우리가 최선의 국가는 인간들이 화합하여 삶을 영위하는 국

---

3 (역주) Machiavelli N., Discorsi III, 21, Il Principe XII. 한니발(247-183 B.C.)은
로마 침공을 위해서 알프스를 넘은 것으로 유명한 카르타고의 장군이다.
4 (역주) Tacitus, Agricola 30 참조.

가라고 말했을 때, 내가 이해하는 인간의 삶은 혈액 순환과 모든 동물에게 공통되는 것에 의해서 정의될 뿐만 아니라 최대한 이성에 의해서, 참다운 정신의 덕과 삶에 의해서 정의되는 그러한 삶이다.

6. 시민 상태의 목적과 최선의 국가 (5)

그러나 내가 말한 목적을 위해서 세워진 국가는 자유로운 대중에 의해서 세워진 것이고 전쟁권에 의해서 대중에게서 획득한 국가가 아니라는 사실을 유의해야 한다. 왜냐하면 자유로운 대중은 공포보다 오히려 희망에 의해서 인도되지만 복종당한 대중은 희망보다는 오히려 공포에 의해서 인도되기 때문이다. 물론 전자는 삶을 육성하려고 애쓰지만 후자는 어떻게 해서든지 죽음을 피하려고 노력한다. 즉, 전자는 자기 자신을 위해서 살려고 애쓰지만 후자는 강제로 정복자에게 속하게 된다. 그래서 우리는 후자를 복종한다고 말하며 전자를 자유롭다고 말한다. 따라서 전쟁의 권리에 의해서 어떤 것을 획득한 국가의 목적은 지배하는 것이고 또한 신민이 아니라 오히려 노예를 소유하는 것이다. 그리고 자유로운 대중에 의해서 창립된 국가와 전쟁의 권리에 의해서 획득된 국가의 권리 일반을 주의해 볼 경우 둘 사이에 아무런 본질적 차이가 없다고 할지라도, 이미 우리가 밝힌 것처럼 양 국가는 국가의 목적 및 각 국가가 보존하지 않으면 안 되는 수단에 있어서는 특히 차이가 난다.

7. 마키아벨리와 그의 의도

그러나 오직 지배욕에 의해서만(sola dominandi libidine)⁵움직이는 군주가 국가를 강화하고 보존할 수 있기 위해서 어떤 수단들을 사용해야 하는가를 가장 예리한 마키아벨리가 상세하게 제시하였다. 그러나 그가 무슨 목적으로 그랬는지는 충분히 확실한 것 같지 않다. 그러나 만일 마키아벨리가 현명한 사람에 대해서 우리가 믿을 수 있는 선한 목적을 가지고 있었다면, 그는 대중이 군주를 폭군으로 만드는 원인들을 제거할 수 없을 때 폭군을 제거하려는 노력이 얼마나 부질없는가를 제시하려고 했던 것으로 보인다. 그러나 반대로 군주에게 공포의 원인이 커질수록 그는 더욱 더 폭군으로 된다.⁶ 이러한 일은 대중이 군주를 하나의 사례로 삼고 군주 시해를 선한 일인 듯이 영광으로 여길 때 생긴다.⁷

  아마도 마키아벨리는 자유로운 대중이 자신의 안녕을 오직 한 사람에게 완전히 위임하는 일에 있어서 얼마나 주의하지 않으면 안 되는지를 제시하고자 했던 것 같다. 그렇게 위임받은 사람은 모든 사람들이 자기를 좋아한다고 판단할 정도로 허영심에 들떠있지 않다면 매일 음모를 두려워하지 않으면 안 된다. 그래서 그는 더 한층 자신을 방어할 수밖에 없으며 대중을 배려하기보다는 반대로 대중에 대해서 음모를 꾸밀 수밖에 없다. 그리고 마키아벨리는 자유의 옹호자였으며 어떻게 자유를 지켜야 할지에 대해서도 매우 건전한 충고를 했기 때문에 나는 이와 같이 가장 현명한 사람의 견해를 더욱 믿게 된다.

---

5 (역주) E 3, 정의 48 참조.
6 (역주) Machiavelli N., Discorsi 1, 55 참조.
7 TTP, 18장 참조.

6

군주정

1. 국가 설립의 근거 (1)

앞에서 말한 것처럼 인간은 이성보다는 정서에 의해서 훨씬 이끌리기 때문에 대중은 이성의 인도에 의해서가 아니라 어떤 공동의 정서를 통해서 일치하여 하나의 정신에 의해서 인도되는 것을 원한다. 다시 말해서 인간은(3장 9절에서 말한 것처럼) 공동의 희망이나 공포 또는 어떤 공동의 손해를 복수하려는 욕망에 의해서 인도되는 것을 원한다. 그러나 고립해서는 아무도 자기를 보호하고 생필품을 조달할 수 없기 때문에 고립에 대한 공포(solitudinis metu)는 모든 사람들에게 내재한다. 그러므로 인간은 본성상 시민의 상태를[1] 욕구하며 시민의 상태를 완전히 해체하는 것은 불가능한 일이다.

---

1 (역주) 시민의 상태는 바로 국가를 말한다. Hobbes, De cive 1, 2, n.1 참조.

2. 국가 설립의 근거 (2)

따라서 국가에서 자주 일어나는 불화나 반란에 의해서 시민들이 국가를 해체하는 일은 (다른 사회 집단에서 흔히 생기는 것처럼) 결코 이루어지지 않고, 국가의 구조를 유지하면서 분쟁을 해결하지 못한다면 시민들은 국가의 형태를 다른 것으로 변화시키려고 한다. 따라서 내가 국가의 보존에 필요하다고 말한 수단들은 나는 국가의 형태를 크게 변화시키지 않고 보존하는 데 필요한 수단들을 의미한다.

3. 국가 설립의 근거 (3)

만일 인간의 본성(humana natura)이 인간들에게 가장 유용한 것을 가장 욕망하도록 되어 있다면 화합과 신의(concordia et fides)를 위해서 술책을 쓸 필요가 전혀 없었을 것이다. 그러나 인간의 본성은 전혀 다르게 되어 있기 때문에 국가는 필연적으로 통치하는 자와 아울러 통치받는 자 모두는 원하든지 원치 않든지 간에 공공의 안녕이 요구하는 것을 행하도록 설립되어야 한다. 곧 모든 사람은 자발적이든지 강제적이든지, 아니면 필연적이든지 간에 이성의 규정에 따라서 살아야 한다.

이러한 일은 국가의 일이 잘 관리되어 공공의 안녕에 관한 어떤 것도 개인의 신의에 완전히 위임되지 않을 경우에 생긴다. 왜냐하면 아무도 언젠가는 잠자지 않고서도 생생하게 깨어 있을 수 없으며, 매우 강한 그리고 강직한 정신을 가진 사람도 특히 가장 강한 정신력을 필요로 할 때 좌절하고 정복당할 수 있기 때문이다. 그리고 물론 아무도 스스로 도달할 수 없는 일을 타인에게 요구하는 것은, 즉 타인에게 자신보다는 남을 더 보살피라고, 더욱이 매일 모든 정서의 가장 강한 자극에 노출되어 있는 타인에게 탐욕하지 말고 질투하지 말며 야망을 갖지 말라고 요구하는 것은 어리석은 일이다.

4. 한 사람에게 통일되는 권력

그러나 경험은 반대로 다음처럼 가르치는 것 같다. 모든 권력 (potestas)을 한 사람에게 위임하는 것이 평화와 화합의 이익이 되는 것이다.[2] 왜냐하면 터키만큼 눈에 띌 만한 큰 변화 없이 그토록 오래 지속한 국가도 없으며, 이와는 반대로 민중적 국가 내지 민주적 국가 (popularia seu democratica)처럼 결코 오래 지속되지 못하고 자주 반란이 일어난 국가도 없다. 그러나 만일 예속과 야만과 황폐를 평화라고 불러야 한다면 인간에게는 평화보다 더 비참한 것도 없을 것이다. 물론 보통 주인과 노예 사이에서보다 부모와 자식 사이에 더 많이 그리고 한층 더 신랄한 분쟁이 일어나지만 부권을 소유권으로 바꾸고 자식을 노예처럼 부리는 일은 가정관리를 위해서 이익이 되지 않는다. 따라서 모든 권력을 한 사람에게 양도하는 것은 평화를 위한 것이 아니라 예속을 위한 것이다. 왜냐하면 이미 말한 것처럼 평화는 전쟁의 부재가 아니라 정신의 일치와 화합에 있기 때문이다.

5. 군주정의 본성과 기초 (1)

그러나 오직 한 사람만 국가의 최고 권리(summum civitatis ius)를

---

2 (역주) 사회계약에 의해서 각자가 자신의 권리를 군주에게 위임하는 군주정이 최선의 정치 체제라고 한 대표적인 인물은 Hobbes이다.

장악할 수 있다고 믿는 사람들은 매우 큰 잘못을 범하고 있는 것이
다. 왜냐하면 우리가 2장에서 밝힌 것처럼 권리(ius)는 오직 힘
(potentia)에 의해서만 결정되기 때문이다. 그러나 한 사람의 힘이 그
처럼 무거운 짐을 지탱한다는 것은 너무 버거운 일이다. 그래서 대중
에 의해서 왕으로 선택된 사람은 사령관이나 고문관이나 친구를 찾
으며 이들에게 자기와 모든 사람들의 안녕을 위임한다. 따라서 완전
히 군주정이라고 믿어지는 국가는 사실상 귀족정이며 이러한 사실이
명백히 드러나 있지 않고 은폐되어 있으므로 가장 나쁜 것이다. 그리
고 왕이 어리거나 병들거나 노쇠했을 경우 그는 겉으로만 왕이며 실
제로는 왕과 가장 가까운 사람들이 국가의 최고 업무를 관장하거나
최고 권력을 소유한다. 두말할 필요도 없이 정욕에 빠진 왕은 흔히
모든 정무를 한 두 사람의 첩이나 남색자(男色者)의 욕망에 의해서
다스리도록 한다.[3] 오르시네스(Orsines)는 이렇게 말하였다. "나는
아시아에서는 일찍이 여자들이 통치했다는 것을 들었다. 그러나 환
관(castratum)이 지배한다는 것은 새로운 일이다."[4]

6. 군주정의 본성과 기초 (2)

게다가 국가는 적들 때문이 아니라 시민들 때문에 항상 더 위험하다
는 것이 확실하다. 사실 선한 시민들은 드물기 때문이다. 그러므로
국가의 모든 권리를 위임받은 사람은 항상 적들보다 시민들을 두려

---

3 (역주) 영국의 James 1세를 말한다.
4 (역주) Curtius R. Q., Historiae Alexandri Magni Macedonis, 1.10장의 1을 참조.
    쿠르티우스는 로마의 역사가로 AD.50년경 「알렉산더 대왕의 역사」라는 방대한
    역사서를 기술했다. 이 저서는 전쟁 기술적으로 중요하며 역사적 가치보다는
    수사학적 가치가 더 많은 것으로 알려져 있다.

위하며, 따라서 자기를 지키고 신민을 배려하기보다는 지혜로 이름이 나거나 부의 능력이 있는 사람들에 대해서 음모를 꾸미려고 애쓴다.

7. 군주정의 본성과 기초 (3)

또 여기에 첨가되는 것은, 왕자들이 평화와 전쟁의 기술을 더 잘 알면 알수록 그리고 덕으로 인해서 신민의 사랑을 받을수록 왕들은 왕자들을 사랑하기보다는 두려워한다는 사실이다. 이로부터 왕들은 공포의 원인을 제거하도록 왕자들을 교육하려고 애쓴다. 이러한 점에 있어서 장관들은 왕들에게 충성을 다해서 복종하며, 자기들이 교묘하게 조종할 수 있는 미숙한 왕위 계승자를 만들기 위해서 최대한의 노력을 기울인다.

8. 군주정의 본성과 기초 (4)

이 모든 것으로부터 국가의 권리가 더욱더 완전하게 왕에게 양도될수록 그만큼 왕은 자신의 권리를 더 가지며 신민의 상태는 더욱 더 비참해진다. 따라서 군주국가를 옳게 세우기 위해서는 견고한 기초를 다지는 것이 필요하며 이러한 기초로부터 군주에게는 안전이 그리고 대중에게는 평화가 생길 것이다. 그리하여 군주가 대중의 안녕에 대해서 최대한 배려할 때 그는 자신의 권리를 최대한으로 가질 것이다. 그러나 먼저 군주국가의 기초(imperii monarchici fundamenta)가 무엇인지 짤막하게 제시하고 다음으로 순서에 따라서 그러한 기초를 밝혀 보기로 하자.

9. 도시

하나 또는 여러 도시(urbs)가 만들어지고 강화되어야 한다. 그러나 도시의 모든 시민은 성 안에 살든지 아니면 농사를 짓기 위해서 성 밖에 살든지 간에 동일한 국가의 권리를 누린다. 각 도시는 자신과 공동의 방어를 위해서 일정한 수의 시민을 가져야 한다. 이것을 수행할 수 없는 국가는 다른 조건 하에서 종속되지 않으면 안 된다.

10. 군대와 군대의 지휘관

군대는 예외 없이 오직 시민들로만 구성되어야 하며 결코 다른 사람들에 의해서 구성되어서는 안 된다.[5] 따라서 모든 시민은 의무적으로 무기를 소지하여야 하며, 군사훈련을 받고 매년 일정한 때에 훈련을 실행하기를 약속하지 않으면 시민으로 받아들여지지 않는다. 다음으로 각 씨족(familia)의 병사는 중대와 연대로 나누어지고 중대의 지휘관은 군사학을 잘 아는 사람으로 선정해야만 한다. 더 나아가서 중대와 연대의 지휘관은 종신직으로 선임하지만 한 씨족 전체 군대의 사령관은 오직 전쟁 때만 선임하고, 지휘권을 1년만 가지게 해서 연임이나 후에 다시 사령관으로 선정될 수 없게 하여야 한다. 그런데 이 사령관은 왕의 고문관들 중에서(이에 대해서는 15절과 그 이하에서 말할 것이다) 또는 고문관의 직책을 역임한 사람들 중에서 선정되어야만 한다.

---

5   (역주) Machiavelli, N., Il Principe XII~XIII, Discorsi II, 20 참조.

11. 분할되는 씨족에서의 시민

모든 도시의[6] 시민과 농민은, 곧 모든 시민은 씨족들로 나누어진다. 씨족들은 어떤 명칭과 휘장으로 서로 구분된다. 각 씨족에서 출생한 사람은 모두 시민으로 받아들여지며, 무기를 다루고 자신의 직무를 알 수 있는 나이에 접어들 때 그들의 이름은 그들의 씨족의 명부에 기록된다. 그렇지만 범죄를 저질러서 불명예스러운 자나 벙어리 그리고 어떤 예속된 직무의 삶을 지탱하고 있는 하인들은 이들로부터 제외된다.

12. 경작지와 주택

경작지와 모든 토지 그리고 가능하다면 주택도 공적 권리에, 곧 국가의 권리를 소유한 사람에게 속하지 않으면 안 되며, 이것들은 주권자에 의해서 매년 세금과 함께 도시민이든지 농민이든지 시민에게 임대된다. 이 이외에 모든 사람은 평화 시에는 모든 세금을 내지 않거나 또는 면제된다. 그런데 임대로 징수한 세입의 일부는 국가방위에 쓰고 다른 일부는 왕실 경비로 사용한다. 왜냐하면 평화 시에도 전쟁에 대비해서 도시를 방어하고 그 이외에도 배들과 다른 전쟁 도구들을 준비해 두는 것이 필요하기 때문이다.

---

6 (역주) 스피노자는 물론 마키아벨리의 「군주론」의 영향을 받아 도시론을 전개하고 있긴 하지만, 그는 당시의 네덜란드를 도시들로 구성된 대표적 국가로 보았다. 각 도시는 상업과 산업의 중심이며 도시들이 모여서 국가가 되었다는 것이다.

13. 왕의 선정과 귀족 (1)

왕이 특정 씨족으로부터 선정되었을 경우 오직 그 왕의 후손들만 귀족으로 인정되어야 한다. 귀족은 왕족의 휘장에 의해서 자신의 씨족과 다른 씨족을 구분하게 한다.

14. 왕의 선정과 귀족 (2)

왕과 삼촌이나 사촌의 근친 관계에 있는 왕의 혈족인 귀족 남자들은 결혼이 금지되어야 한다. 그리고 만일 이들이 자식들을 낳는다면 그 자식들은 사생아로 취급받으며 모든 작위를 받을 수 없고 부모의 상속자로도 인정받지 못한다. 그리고 부모의 재산은 다시 왕에게 돌아간다.

15. 왕의 고문관 (1)

다음으로 왕 다음이며 서열상 두 번째인 왕의 고문관들(regis consiliarii)은 여럿이어야 하며 오직 시민들 중에서만 선정되어야 한다. 만일 씨족들이 육백 개가 넘지 않는다면 각 씨족에서 세 명이나 네 명 또는 다섯 명의 고문관이 선정되어야 하며 이들이 함께 모여서 회의체를 형성해야 한다. 고문관은 종신직이 아니고 삼년이나 사년 또는 오년의 임기를 가지며 매년 그들 중 삼분의 일이나 사분의 일 또는 오분의 일이 새로 선출되어야 한다. 그렇지만 이러한 선출에서 중요한 것은 각 씨족에서 적어도 한 명의 숙련된 법률가가 고문관으로 선출되어야 한다는 사실이다.

16. 왕의 고문관 (2)

고문관의 선출은 왕이 직접 행해야 하며 새 고문관들을 선출하기 위해서 정해진 해의 일정 시기에 각 씨족은 오십 세가 되고 고문관의 직책의 후보자로 정당하게 추천된 모든 시민의 명단을 왕에게 제출해야 한다. 왕은 이들 중 자기가 원하는 자를 선임하며, 어떤 씨족이든지 숙련된 법률고문관을 교체할 해에는 숙련된 법률가의 명단만 왕에게 제출하면 된다. 해당 기간 동안 이 고문관의 직무를 다한 사람은 계속해서 고문관이 될 수 없으며 오년 또는 그 이상 피선거인 명부에 등록될 수 없다. 매년 각 씨족에서 한 명의 고문관이 선임되어야 한다. 그 이유는 회의가 때로는 미숙한 신참으로 구성되기나 나이 들고 사태에 둔감한 사람으로 구성되지 않기 위해서이다. 이러한 일은 모든 고문관이 함께 퇴임하고 새 인물로 교체될 경우 필수적으로 일어난다. 만일 매년 각 씨족에서 한 명의 고문관이 선정된다면 회의(concilium)의[7] 오분의 일이나 사분의 일 또는 기껏해야 삼분의 일이 신참 고문관으로 이루어질 것이다. 그 이외에 만일 왕이 다른 업무나 다른 이유로 인해 이러한 선임에 당분간 참여하지 못한다면, 왕이 다른 고문관을 선임하거나 또는 회의에 의해서 선정된 고문관을 왕이 추인할 때까지 회의는 임시로 다른 고문관을 선정하여야만 한다.

17. 원로회의의 최고 직무 (1)

이 회의의 첫 번째 직무는 국가의 기본법을 옹호하고, 왕이 공공의

---

7 (역주) 왕을 자문하는 원로회의, 곧 고문관 회의를 말한다.

선을 위해서 무엇을 결정해야 할지에 대해서 자문하는 것이다. 따라서 왕은 미리 회의의 견해를 듣지 않고서는 아무것도 결정할 수 없는 것이다. 그러나 대부분의 경우처럼, 만일 회의의 의견이 일치하지 않고 똑같은 것을 두 번이나 세 번 토의한 후에도 의견이 다르다면 사태를 계속해서 끌고 가서는 안 되고 서로 다른 의견들을 왕에게 제출하여야 하는데 이에 대해서는 이 장의 25절에서 설명할 것이다.

18. 원로회의의 최고 직무 (2)

그 이외에도 왕의 칙령이나 명령을 공포하고, 공동체를 위해서 결정된 것을 보살피고, 왕의 대리자로서 국가 전체의 행정을 배려한다.

19. 원로회의의 최고 직무 (3)

시민들에게는 이 고문관 회의를 통하지 않고서는 왕에게 접근할 길이 전혀 없다. 시민들이 모든 청원서나 탄원서를 왕에게 제시하기 위해서는 그것들을 이 회의에 제출하여야 한다. 다른 국가의 사절들도 오직 이 회의의 매개에 의해서만 왕과 말할 수 있도록 허락받는다. 이 이외에도 다른 곳에서 왕에게 보낸 서신들도 이 회의를 통해서 왕에게 전달되지 않으면 안 된다. 그리고 왕은 국가의 정신처럼 여겨지지만, 이 회의는 정신의 외적 감각 또는 국가의 신체로 여겨진다. 이 국가의 신체를 통해서 정신은 국가의 상태를 파악하며 그러한 신체를 통해서 정신은 자신에게 최선이라고 결정한 것을 행한다.[8]

---

8 (역주) 스피노자는 군주정이든 귀족정이든 간에 독재를 막기 위해서는 대중 내지 시민 각자의 권리가 최대한 보장되는 민주주의 정치의 기초가 확고하여야 한다는

20. 원로회의의 최고 직무 (4)

왕자의 교육에 대한 배려도 이 회의의 직무이며, 왕이 아기나 어린이를 후계자로 남기고 죽었다면 왕자를 후견하는 것 역시 이 회의의 직무이다. 그렇지만 이 회의는 그동안 왕이 부재하지 않도록 하기 위해서 적법한 계승자가 국가의 짐을 짊어질 수 있을 때까지 국가의 원로 귀족들 중에서 왕의 지위를 대신할 사람을 선정해야 한다.

21. 원로회의의 최고 직무 (5)

이 회의의 후보자들은 자신들이 신하인 국가의 통치, 기초 그리고 상태나 조건을 잘 아는 사람들이어야 한다. 그러나 법률 전문가의 지위를 맡고자 하는 사람은 자신이 신하인 국가의 통치와 조건 이외에도 자기 나라와 교류하는 다른 나라의 통치와 조건도 알지 않으면 안 된다. 그러나 50세에 이르고 어떤 범죄도 저지르지 않은 사람이어야 피선거인 명부에 올라갈 수 있다.

22. 원로회의의 최고 직무 (6)

이 회의에서는 전원이 출석하지 않으면 국가의 일에 대해서 어떤 결론도 내려서는 안 된다. 만일 어떤 사람이 아프거나 다른 이유로 출석할 수 없다면, 그는 똑같은 씨족 안에서 동일한 직무를 수행했거나 후보 명단에 등록되어 있는 사람을 자기 대신 보내지 않으면 안 된

것을 강조하고 있다.

다. 만일 그가 이렇게 하지 않고, 그의 부재 때문에 어떤 논의 사항에 대한 회의가 연기될 수밖에 없을 경우 그는 상당액에 달하는 벌금을 물어야만 한다. 그러나 이것은 단지 전체 국가에 대한 사태, 곧 전쟁과 평화, 법의 폐기와 제정, 통상 등과 같은 사태가 문제되는 경우에만 그렇다는 것을 이해하여야 한다. 그러나 만일 하나 또는 다른 도시에 관한 것 그리고 탄원서 등에 관한 것이라면 회의의 대부분 사람들이 참석하면 충분하다.

23. 원로회의의 최고 직무 (7)

씨족들 사이에서 모든 일에 있어서의 평등을 그리고 의석, 제안, 발언에 대한 질서를 유지하기 위해서는 각각의 씨족이 의장을 맡아 보고 이번 회의에서는 가장 앞좌석에 앉던 씨족이 다음 회의에서는 가장 뒷좌석에 앉도록 하기 위해서 교대제가 지켜져야만 한다. 그러나 똑같은 씨족에 속하는 사람들 중에서는 처음에 선정된 사람이 상석에 앉아야 할 것이다.

24. 원로회의의 최고 직무 (8)

이 회의는 장관들에게 국가의 행정에 대한 설명을 요구하기 위해, 업무의 상태를 알기 위해 그리고 그 이외에 무엇이 결정되어야 할지를 알고자 한다면 적어도 일 년에 네 번은 소집되어야 한다. 왜냐하면 네 차례 이상의 소집을 위해서는 많은 수의 시민들이 공무 때문에 시간을 내는 것이 불가능한 것으로 여겨지기 때문이다. 그러나 회의가 없는 동안에도 공무는 수행되어야 하므로 이 회의에 의해서 50명이나 그 이상의 사람들이 선출되어 회의가 휴회될 경우, 회의를 대신하두록 한다. 이 사람들은 왕의 거처에서 가장 가까운 방에 매일 모여야 하며 국고, 도시, 방어, 왕자의 교육 그리고 우리가 지금까지 열거한 회의의 모든 큰 업무에 대해서 점검한다. 그러나 이 사람들은 지금까지 아무런 결정이 내려지지 않은 것들에 대해서는 논의할 수 없다.

25. 원로회의의 최고 직무 (9)

회의가 열렸을 때 어떤 안건이 회의에 제출되기 전에 씨족들 중 회기 동안 앞자리에 앉을 다섯이나 여섯 또는 그보다 많은 법률 전문가들이 청원서나 편지를 가지고 있다면 그것을 전달하기 위해 왕을 알현하며, 여러 사태를 보고하고 마지막으로 왕이 그 회의에 무엇을 제안할 것인지를 왕에게서 직접 듣는다. 이것을 다 들은 후 그들은 회의실로 돌아가며 서열상 선임자는 사항의 논의를 개시한다. 몇몇 사람들이 보기에 중요한 사항에 대해서는 즉시 투표하지 않고 사태의 필연성이 허용되는 동안에는 투표가 연기되어야 한다. 따라서 회의가 정해진 시간까지 휴회하면 그 동안 각 씨족의 고문관들은 해당 문제를 각자가 논의하고, 만일 사안이 그들에게 중요한 것으로 여겨진다면 똑같은 직무를 행했거나 회의의 후보자인 다른 사람들과 논의할 수 있다. 그러나 정해진 시간 내에 씨족의 고문관들 사이에서 의견이 일치할 수 없다면 그 씨족은 투표(suffragium)에서 제외될 것이다. 왜냐하면 각 씨족은 오직 한 표만 행사할 수 있기 때문이다. 이와 달리 의견이 일치했을 경우 최선이라고 판단한 안건을 씨족의 법률 전문가가 회의에서 진술하도록 하며 다른 씨족들의 경우도 마찬가지이다.

각각의 의견의 근거를 청취한 후 과반수가 해당 사항을 재고하여

야 한다고 보았을 때는 각 씨족이 최종적 의견을 제출할 때까지 회의
를 다시 일정 시간 휴회하여야 한다. 그리고 결국 전원이 참석한 회
의에서 투표가 진행되며 적어도 100표를 얻지 못한 의견들은 무효로
처리된다. 그러나 100표 이상을 얻은 의견들은 회의에 참여한 모든
법률 전문가들에 의해서 왕에게 제출된다. 왕은 각 파벌들의 의견의
근거를 들은 후 그 의견들 중에서 자신이 원하는 것을 택한다. 그리
고 법률 전문가들은 왕으로부터 회의로 되돌아온다. 거기에서 그들
모두는 자기들이 제출한 의견 중에 왕이 어떤 것을 택했는지 또 어
떤 것을 실행하기로 정했는지 그 모든 것을 듣기 위해서 왕이 정한
시간에 왕의 참석을 기다린다.

26. 정의를 관리하기 위한 다른 회의 (1)

정의를 관리하기 위해서는 또 다른 회의가 오직 법률 전문가들로만
구성되어야 하는데, 그들의 직무는 소송을 재판하고 범죄자들에게
형을 구형하는 것이다. 그러나 그들이 내린 모든 판결이 적법한 소송
절차에 따라서 이루어진 것이고 편파적으로 행해지지 않은 것인지는
대회의(concilium magnum)를 대변하는 다른 사람들에 의해서 검토
되지 않으면 안 된다. 그런데 만일 패소한 쪽에서 재판관들 중 어떤
사람이 자신의 상태로부터 어떤 식으로 매수당했거나 그 재판관이
자신의 상대에 대해서 어떤 다른 일반적인 친한 이유를 가지고 있거
나 패소한 자신에 대한 증오심을 가지고 있다거나 마지막으로 공통
적인 재판 절차가 지켜지지 않았다는 것을 증명할 수 있다면 판결은
전체적으로 재심되어야 한다. 그러나 이것은 아마도 범죄 조사 시에
보통 증거(arguementum)보다 고문을 통해서 자백 받는 사람들에 의

해서는 지켜질 수 없을 것이다. 그러나 여기에서 나는 국가의 최선의 통치에 일치하는 소송 절차 이외의 다른 것은 생각하고 있지 않다.

27. 정의를 관리하기 위한 다른 회의 (2)

이들 재판관의 수는 많고 홀수여야만 한다. 예컨대 61명이거나 최소한 51명이어야 한다. 그리고 한 씨족에서 한 명의 재판관이 선출되어야 하지만 종신관이 아니고 매년 그들 중 일부가 퇴직하고 다른 씨족들 중에서 40세에 이른 다른 사람들이 그만큼 선출된다.

28. 정의를 관리하기 위한 다른 회의 (3)

이 회의에서는 재판관(iudex)[9] 전원이 참석하지 않으면 어떤 판결도 선고되지 않는다. 만일 어떤 사람이 질병이나 다른 사안을 이유로 회의에 참석할 수 없으면 그 기간 동안 그를 대신할 다른 사람을 선출하여야 한다. 그러나 투표에서 각자는 자신의 의견을 공개적으로 말하면 안 되고 무기명 투표(calculus)에[10] 의해서 표시하여야만 한다.

29. 정의를 관리하기 위한 다른 회의 (4)

이 회의와 앞의 법률 전문가들의 회의를 대변하는 참석자들의 보수

---

9 (역주) iudex는 재판관이나 판사를 뜻한다.
10 (역주) calculus는 투표용 돌멩이, 계산용 돌멩이, 놀이용 돌멩이 등의 의미를 가지고 있다. 스피노자 당시 네덜란드 법정에서는 일반적인 소송 절차의 결과가 재판관들의 무기명 비밀 투표에 의해서 결정되었다.

는 우선 그들에 의해 사형선고를 받은 사람들과 벌금형을 선고받은 사람들의 재산에서 충당된다. 다음으로 민사 소송에 대해서 내리는 매번의 판결에서 그들은 패소한 사람들로부터 전체 비용의 일부를 받으며 이것은 두 회의의 비용으로 사용된다.

30. 다른 하부의 회의들

각 도시에는 다른 회의들이 앞에서 언급한 회의들에 종속되어 있다. 각 도시의 회의의 구성원도 종신직으로 선출되어서는 안 되고 해마다 오직 그 도시에 거주하는 씨족들 중에서만 일정 부분이 선출되어야 한다. 그러나 이것을 더 이상 살펴볼 필요는 없다.

31. 군인의 급여

평화 시에는 군인에게 아무런 급여도 지급되지 않는다. 그러나 전시에는 매일 일해서 살아가는 사람들에게만 일당을 지급한다. 부대의 사령관과 나머지 장교들은 적에게서 노획한 전리품 이외에는 어떤 수입도 기대해서는 안 된다.

32. 외국의 법

만일 외국인이 어떤 시민의 딸과 결혼하면 그의 아이들은 시민으로 인정되며 모친 씨족의 명부에 등록된다. 그러나 외국인 부모로부터 국내에서 출생하고 교육받은 사람들은 씨족장에게 일정액을 지불하고 시민권을 살 수 있어야 하며 그 씨족의 명부에 등록될 수 있어야 한다. 비록 씨족장이 어떤 외국인을 일정 가격보다 적게 주고 자신의 시민이 수에 表함시켰다고 할지라도 그로부터 국가에는 어떤 손해도 생길 수 없다. 오히려 반대로 시민의 수가 더 쉽게 증가하도록 그리고 많은 인간들이 유입되도록[11] 수단들을 강구하여야 한다. 그러나 시민의 명부에 올라 있지 않은 사람은 적어도 전시에는 자신의 군대 면제 대신에 노동이나 세금으로 지불하는 것이 합당하다.

33. 총독 보좌관

평화 시에 평화를 지키거나 보존하기 위해서 외국으로 파견되지 않으면 안 되는 사절은 오직 귀족들 중에서만 선출되어야 하며 그들의 비용은 왕실의 가계가 아니라 국고에서 지불되어야 한다.

34. 왕의 가족과 신변 경호

궁정을 자주 드나들고 왕의 시종으로서 왕실 가계에서 급여를 받는 사람은 국가의 모든 행정직이나 관리직에서 배제되어야 한다. 나는 분명히 "왕실 가계에서 급여를 받는 사람"이라고 말하는데 근위대 (corporis custos)는 여기에서 제외시킨다. 왜냐하면 똑같은 도시의 시민들 이외에는 어떤 근위대도 없으며, 이 근위대는 왕을 위해서 그의 문 앞에 서서 궁정에서 교대로 파수를 서기 때문이다.

---

11 (역주) Machiavelli, N., Discorsi 1, 6 참조.

35. 전쟁의 발발

전쟁(bellum)은 오직 평화(pax)를 위해 행해져야 하며 전쟁이 끝나면 전쟁 행위(arma)도 중단되어야 한다. 따라서 적의 도시를 전쟁의 권리에 의해 점령하고 적을 제압하면, 점령 도시에 아무런 수비병도 남지 않게 평화의 조건을 제정해야 한다. 오히려 적이 평화조약을 받아들일 때에는 일정한 가격을 지불하고 도시를 되찾을 힘을 적에게 부여하지 않으면 안 된다. 이렇게 해도 항상 위협적인 위치로 인해 두려움이 남아 있다면 도시를 완전히 파괴하고 주민을 다른 장소로 이주시킨다.[12]

36. 왕의 결혼

왕은 결코 외국인과 결혼할 수 없고 오직 혈족이나 시민 중의 여인과만 결혼할 수 있다. 그렇지만 만일 시민 중 어떤 여인과 결혼한다면 왕비의 혈족은 국가의 어떤 공직도 맡을 수 없다는 조건이 따른다.

37. 통치권은 분할이 불가능해야 한다

통치권은 분할 불가능 하지 않으면 안 된다. 따라서 만일 왕이 여러 명의 자식들을 출산했을 경우 그 중 장남은 법적으로 후계자가 된다. 그러나 통치권이 자식들 사이에서 분할되는 것은 결코 허용되어서는 안 되고, 통치권이 자식들 모두에게 또는 일부에게 양도되는 것도 허용되어서는 안 된다. 더군다나 통치권의 일부를 딸에게 주어서도 안

---

12 (역주) Machiavelli N., Il Principe III, Discorsi II, 23 참조.

된다. 왜냐하면 딸에게 통치권이 세습되는 것은 어떤 이유에서라도 허용되어서는 안 되기 때문이다.

38. 왕권의 세습

만일 왕이 왕자 없이 사망했다고 한다면 왕과 핏줄로 가장 가까운 자가 왕국의 후계자로 인정되지만, 만일 그가 외국인과 결혼하여 헤어지기를 원치 않을 경우에는 경우가 다르다.

39. 시민들의 복종

시민들에 관하여는 3장의 5절에 의해서 다음의 사실이 명백하다. 시민들 각자는 왕의 모든 명령이나 대 회의에서 공포한 명령에 대해서 (이 조건에 대해서는 이 장의 18, 19절을 볼 것) 비록 그것들이 불합리하다고 생각될지라도 복종하지 않으면 안 되거나 아니면 법에 따라서 그것들에 강제로 복종하지 않으면 안 된다. 그런데 이것이 군주국의 기초(imperii monarchici fundamenta)이며, 군주국이 안정되기 위해서는 이러한 기초 위에 세워지지 않으면 안 되는데, 어떻게 세워져야 하는가에 대해서는 다음 장에서 설명할 것이다.

40. 종교

종교에 관하여는 어떤 교회(templum)도[13] 도시의 비용으로 건립되

---

13 (역주) templum은 관찰 영역, 고도, 성전, 수도원, 교회 등을 의미한다.

어서는 안 된다. 신앙의 견해에 대해서도 그것이 반란적이지 않고 국가의 기초를 파괴하지 않는다면 법이 그것에 관여해서는 안 된다. 따라서 종교를 공적으로 신봉하는 것이 허용된 사람들은 만일 그들이 원한다면 자기들의 비용으로 교회를 건립할 수 있다. 그러나 왕은 자신이 신봉하는 종교를 위해서 궁정 안에 교회를 둘 수 있다.

7

군주정, 군주국가의 기초에 대한 증명

1. 군주들은 반드시 선출되어야 하는 것은 아니다. 페르시아의 왕들, 율리시스

군주국가의 기초에 대해서 설명했으므로 나는 여기에서 그 기초를 체계적으로 증명해 보기로 하겠다. 그러기 위해서는 특히 주의하여야 할 것은 왕도 폐지할 수 없을 정도로 확고한 법을 정하는 일이 법의 실천에 반대되는 것이 아니라는 것이다. 왜냐하면 페르시아인들은 늘 자기들의 왕을 신처럼 존경했지만 '다니엘 서'에서[1] 분명한 것처럼 왕도 일단 제정된 법을 철회할 권력(potestas)을 가지지 못했기 때문이다. 그리고 내가 아는 한 절대적으로 아무런 조건도 없이 군주가 선출된 곳은 어디에도 없다. 물론 이것은 이성에 배치되지 않고 왕에게 바치지 않으면 안 되는 절대 복종에도 배치되지 않는다. 국가의 기초(fundamenta imperii)는 왕의 영원한 명령처럼 여겨져야 하

---

1 (역주) '다니엘 서' 6장 15절 참조. "임금님, 임금이 세운 금령과 법령은 무엇이든 바꿀 수 없다는 것이 메디아와 페르시아의 법임을 알아 두시기 바랍니다."

기 때문에 왕의 신하들은 왕이 국가의 기초에 어긋나는 것을 명령했을 때 그 명령을 거부한다면 신하들은 국가의 기초에 전적으로 복종하는 것이다. 우리는 이것을 율리시스의 예로 분명하게 설명할 수 있다.[2] 왜냐하면 율리시스가 배의 돛대에 묶여서 사이렌들의[3] 노래에 홀려 있을 때, 비록 율리시스가 동료들을 매우 위협하면서 풀어주기를 명령했음에도 불구하고 그의 동료들은 그를 풀어주기를 거부함으로써 실제로는 율리시스의 명령을 따른 것이기 때문이다. 그리고 율리시스도 동료들이 자기의 첫 번째 의도에 따라 준 것에 대해서 그들에게 고마움을 표했다. 이것은 율리시스가 통찰력(prudentia)을 가졌다고 인정할 수 있다.

그리고 이러한 율리시스의 예를 따라서 왕들은 보통 재판관들에게 다음처럼 지시하였다. 재판관들이 제정된 법에 위배된다고 알고 있는 것을 어떤 개별적인 경우에 세력을 가진 사람이나 왕이 위배하도록 명령하더라도 재판관들은 그들을 상관하지 말고 정의(iustitia)를 실행하여야 한다는 것이었다. 왜냐하면 왕들은 신들이 아니고 자주 사이렌의 노래에 매혹당하는 인간들이기 때문이다. 따라서 만일 모든 것이 한 인간의 변덕스러운 의지에 의존한다면 아무것도 고정된

2 (역주) Hom. Odyss. 12, 156 참조. 호메로스(Homeros)는 기원전 9세기 고대 그리스의 작가로 일리아스(Ilias)와 오디세이(Odysseus)의 저자로 알려져 있다. 오디세이(라틴명은 Ulysses)는 그리스 신화에 등장하는 영웅으로 Penelope의 남편이자 Telemakhos의 아버지로 이타카의 왕이며 트로이 전쟁에 참여하여 기지를 발휘해 승리한다. 오디세이는 10년에 걸친 장기간의 모험을 거쳐서 고향 이타카로 돌아와서 아들과 함께 아내 Penelope와 강제로 결혼하려는 구혼자를 제거한다.
3 (역주) 사이렌은 반인반조(半人半鳥)인 바다의 요정으로 아름다운 노래로 뱃사공을 유혹했는데, 고대 그리스 신화에 등장하며 호메로스의 오디세이에서 오디세이(율리시스)를 홀려서 그의 귀국을 늦추었다.

것이 없을 것이다. 그러므로 군주국가가 안정되기 위해서 군주국가
는 실로 모든 것이 오직 왕의 명령에 의해서만 행해지도록 해야 하지
만, 왕의 모든 의지가 법이 아니고, 모든 법은 왕의 명백한 의지가 되
도록 조직되어야 한다(이에 대해서는 앞 장의 3, 5, 6절을 보라).

2. 군주국가의 본성은 국가의 최선의 기초와 참다운 기초이다

다음으로 국가의 기초 정립에 있어서 주로 인간의 정서(humanos
affectus)를 관찰하는 것이 필요하다는 사실을 주의하여야 한다. 무엇
을 하여야 할지를 제시하는 것은 결코 충분치 않고 감정에 의해서 인
도되든지 이성에 의해서 인도되든지 간에 무엇보다도 인간이 타당하
고 견고한 법을 가지는 것을 누가 가능하게 할 수 있을지를 보여 주
어야 한다. 왜냐하면 만일 국가의 권리나 공공의 자유가 오직 부당한
법의 도움에만 의존한다면 우리가 앞 장의 3절에서 밝힌 것처럼 시
민들은 법을 지킴으로써 어떤 안전도 보장받을 수 없을 뿐만 아니라
파멸할 것이기 때문이다. 그 이유인즉 다음의 사실이 확실하기 때문
이다. 어떤 국가의 조건도 (물론 불가능한 것으로 보이겠지만) 단번
에 붕괴되어 예속 상태로 떨어지는 것을 제외하고 국가의 조건이 최
선의 상태에서 동요하기 시작하는 것보다 더 비참한 것은 없을 것이
다. 따라서 신민들에게는 불확실하고 공허하며 부당한 자유의 조건
을 확정하여 후세에게 가장 잔인한 예속의 길을 마련하는 것보다는
자기들의 권리를 한 사람에게 완전히 양도하는 것이 훨씬 더 나을 것
이다. 그러나 만일 내가 앞 장에서 기술한 것처럼 군주국가의 기초가
견고하며, 주로 무장한 대중의 분노가 아니면 파괴될 수 없으며, 이
로부터 왕과 대중에게 평화와 안전이 생긴다는 것을 제시한다면, 그

리고 만일 이러한 것을 인간의 본성으로부터 이끌어낸다면 3장의 9
절과 앞 장의 3절과 8절에서 분명한 것처럼 이러한 국가의 기초가 최
선이며 참답다는 것을 아무도 의심할 수 없을 것이다.

3. 군주를 위해서는 고문 회의가 필요하다

통치권(imperium)을 보유한 사람의 직무는 언제나 국가의 상태와
조건을 파악하고 모든 사람의 공동의 안녕을 살피며 대부분의 신민에
게 유용한 모든 것을 실행한다는 것은 모든 사람에게 알려져 있는 일
이다. 그러나 오직 한 사람만으로는 모든 것을 정확히 살피거나 항상
마음을 기울여서 깊이 생각할 수도 없으며 또한 자주 병들거나 늙거나
다른 이유들로 인해서 공공의 업무를 보는 데 방해받는다. 따라서 군주
에게 사안들의 사태를 알고 왕에게 조언하며 자주 왕을 대리할 수 있는
고문관들이 필요하다. 이로써 통치권 내지 국가(imperium seu civitas)
는 항상 하나의 동일한 정신으로 성립할 수 있다.

4. 왕의 고문들은 반드시 선출되어야 한다

인간의 본성은, 각자가 자신의 개인적 이익을 최대한의 열정을 가지
고 추구하며, 자신의 것을 보존하고 증가시키는 데 필요하고 자신의
것을 타인의 것에 의해서 확보할 수 있다고 믿을 때 한해서 통치권의
이 명령들이 타인의 것을 지킬 수 있는 법을 가장 공정하다고 판단하
도록 되어 있다. 그리하여 고문관(consul)의[4] 개인 재산과 이익이 모

---

4 (역주) 고문관(consul)은 일종의 왕의 자문으로 고대 로마 공화국에서(450 B.C.)
   선출된 귀족 자문 위원이며 소위 원로원의 일원이었다. 367 B.C.부터는 부유한

든 사람들의 공동의 복지와 평화에 의존하는 그러한 고문관이 필연적으로 선출되어야 한다.

그러므로 다음의 사실이 명백하다. 만일 일정 수의 시민 집단이나 부류에 의해서 어떤 고문관들이 선출된다면, 이 회의에서 가장 많이 득표하는 것이 대부분의 신민의 편에 유용할 것이다. 그리고 비록 이 회의가 그토록 많은 수의 시민들로 구성되어 있어서 그 중의 꽤 많은 사람들이 특히 조잡한 재능을 가지고 있다고 할지라도, 각자는 상당 기간 많은 열정을 가지고 수행한 업무에 대해서 충분히 알고 있고 영리할 것이 확실하다. 따라서 50세에 이르기까지 자신의 업무를 명예롭게 수행한 사람들만 선출된다면 그들은 자기들의 일에 관해서 충분히 조언할 수 있을 것이며, 특히 숙고를 필요로 하는 보다 더 중요한 문제들에 있어서 조언할 수 있을 것이다. 여기에 덧붙여서 소수의 사람들로 구성되는 회의가 비슷한 사람들로 구성되지 않는다는 말은 성립되지 않는다. 왜냐하면 반대로 대부분의 그러한 회의는 비슷한 사람들로 구성되기 때문이다. 그 이유인즉 각자는 회의에서 자신의 말을 어리석게 따르는 동료를 가지려고 가장 애쓸 것이기 때문이다. 이런 일은 대회의에서는 생기지 않는다.

5. 왕은 회의의 견해를 통해서 고문들을 선출하는 권리를 가진다

게다가 각자는 지배당하기 보다는 지배하기를 더 좋아한다는 것이 확실하다. 왜냐하면 살루스티우스가 시저에게[5] 보낸 첫 번째 서신에

평민도 고문관으로 선출될 수 있었다.
5 (역주) 시저(Caesar Iulius, 100-44 B.C.)는 로마의 독재자, 사령관, 작가이다.

서 말한 것처럼 "아무도 타인에게 통치권을 양도하고자 하지 않기 때문이다." 따라서 다음의 사실이 명백하다. 만일 대중이 자기들 사이에서 합일할 수 있고 대부분 대회의에서 생긴 논쟁으로부터 반란이 일어나지 않는다면, 전체 대중은 결코 자기들의 권리를 소수의 사람들이나 한 사람에게 양도하지 않을 것이다.[6] 따라서 대중은 완전히 자신의 힘으로 할 수 없는 것만을, 곧 분쟁을 종식시키고 원정을 결정하는 것 등만을 왕에게 양도할 것이다.

왜냐하면 전쟁 때문에 왕이 선출되는 일이 자주 일어나기 때문이다. 그 이유인즉 왕이 전쟁을 더 잘 수행하기 때문이라는 것이다. 물론 전쟁을 성공적으로 수행하기 위해서 평화 시에 복종하고자 하는 것은 전적으로 어리석은 일이다. 만일 오직 전쟁 때문에 한 사람에게 최고 권력이 양도된 국가에서 평화가 생각될 수 있다면, 그 한 사람은 그로 인해서 자기 자신의 덕목과 모든 사람들이 그 자신에게 기대하는 것을 전쟁에서 가장 잘 보여줄 수 있다. 이와는 반대로 민주국가(imperium democraticum)는 그 덕목이 전쟁 시보다는 평화 시에 훨씬 더 가치 있다는 그러한 장점을 가지고 있다.

그러나 어떤 이유로 왕이 선출되었든지 간에 이미 우리가 말한 것처럼 왕 혼자서는 무엇이 국가에 유용한지 알 수 없다. 왕의 선출을 위해서는 우리가 앞 절에서 제시한 것처럼 많은 시민 고문관들을 둘 필요가 없다. 그리고 논의되어야만 할 사안에 있어서 그토록 많은 수의 사람들이 생각할 수 없는 어떤 제도가 고찰될 수 있다고는 우리가 결

여기에 등장하는 Sallustius는 정확한 이름이 아니어서 Pseudo-Sallustius로 불리어진다.

6 (역주) 이 문장에서 알 수 있는 것처럼 얼핏 보기에 스피노자는 군주정이나 귀족정을 옹호하는 것처럼 보여도 근본적으로는 인간 각자의 권리를 기본으로 삼는 민주정을 근본적으로 주장하고 있음을 알 수 있다.

코 생각할 수 없기 때문에 왕에게 제출된 이 회의의 모든 의견들 이 외에는 어떤 것도 민중의 복지에(ad populi salutem)[7]적합한 것으로 생각될 수 없다. 따라서 민중의 복지가 최고의 법 또는 왕의 최고의 권리이기 때문에 회의에 제출된 의견들 중에서 하나를 택하는 것이 왕의 권리이고 회의 전체의 정신에 반대되는 어떤 것을 결정하거나 의견을 제시하는 것은 왕의 권리가 아니다. 앞 장의 25절을 보라. 그 러나 만일 회의에 제출된 모든 의견을 왕에게 제시한다면, 왕은 언제 나 적은 표를 획득한 소도시를 옹호하는 일이 생길 수 있다. 왜냐하 면 비록 의견의 지지자의 이름을 표시하지 않게끔 회의 규칙상 정해 져 있다고 할지라도, 어떤 것이 새어나가지 않을 만큼 비밀이 완벽하 게 지켜질 수는 없다. 따라서 적어도 100표를 획득하지 못한 그런 의 견은 반드시 무효 처리되도록 정해져야만 한다. 확실히 이러한 것은 더 큰 도시들이 최선의 힘을 다해서 지키지 않으면 안 되는 권리이다.

6. 최고 회의의 큰 유용성 (1)

그런데 간략히 표현하는 것이 내 목적이 아니라면 나는 여기에서 이 회의의 다른 큰 유용성들을 제시할 수도 있을 것이다. 그렇지만 나는 가장 중요한 것으로 여겨지는 한 가지만 언급할 것이다. 말하자면 최 고의 명예에 도달하려고 하는 보편적 희망보다 더 크게 덕을 행하도 록 자극하는 것은 없다. 왜냐하면 「에티카」에서 충분히 밝힌 것처럼 모든 사람은 야망(gloria)에 이끌리기 때문이다.[8]

---

7 (역주) salus는 복지, 안녕, 행복, 건강, 구원, 치료 등 여러 가지 의미를 가지고 있다.
8 (역주) E. 3부 정리 29와 보충을 참조할 것.

7. 최고 회의의 큰 유용성 (2)

이 회의의 대부분의 구성원들은 결코 전쟁을 수행할 마음은 없고 언제나 평화를 매우 추구하고 사랑하리라는 것은 의심할 수 없을 것이다. 왜냐하면 구성원들은 전쟁에 의해서 자기들의 재산과 자유를 상실하게 되는 것을 항상 두려워하는 것 이외에도 전쟁을 위해서는 새로운 비용이 요구되며 구성원들이 그것을 충당해야 하기 때문이다. 그리고 또한 가사를 돌보던 그들의 자식과 친지들이 자신들의 노력을 전쟁 무기에 대해 기울이며 군대에 들어가지 않으면 안 된다. 그곳으로부터 그들은 단지 상처뿐인 영광만 가지고 집으로 돌아올 수밖에 없다. 왜냐하면 우리가 앞 장의 31절과 10절에서 말한 것처럼 군대는 전혀 급여가 없으며, 군대는 다른 사람들이 아니라 오직 시민에 의해서만 구성되어야 하기 때문이다.

8. 최고 회의의 큰 유용성 (3)

평화와 화합(pax et concordia)을 위해서는 매우 중요한 의미를 가진 또 다른 것이 추가되어야 한다. 곧 어떤 시민도 부동산(bona fixa)을 소유해서는 안 된다. 앞 장의 12절을 보라. 이 때문에 전쟁으로 인한 위험은 모든 사람들에게 거의 똑같다. 왜냐하면 모든 사람은 이익 때문에 장사하거나 서로 자기들의 돈을 빌려주어야 하기 때문이다. 그래서 일찍이 아테네인들은 각자가 내국인 이외의 타인에게 이자를 받고 빌려주는 것을 금지하는 법을 만들었다. 따라서 그들은 서로 연관되는 업무나 또는 촉진시키기 위해서 동일한 수단을 요구하는 업무를 다루지 않으면 안 된다. 그러므로 이 회의의 대부분의 구성원은 공동의 사안과 평화의 기술에 대해서 대체로 똑같은 정신을 가질 것이다. 왜냐하면 이 장의 4절에서 말한 것처럼 각자는 스스로 자신의 것을 확보한다고 믿는 한에 있어서 타인의 주장을 옹호하기 때문이다.

9. 최고 회의의 큰 유용성 (4)

누구도 이 회의를 매수하려고 마음먹을 수 없다는 것은 의심할 수 없다. 왜냐하면 어떤 사람이 그렇게 많은 사람들 중에서 한 두 사람을 자기편으로 끌어들였다고 해서 얻는 것은 아무것도 없기 때문이다. 왜냐하면 앞에서 말한 것처럼 적어도 100표를 얻지 못한 의견은 무효이기 때문이다.

10. 최고 회의의 큰 유용성 (5)

그 이외에도 만일 우리가 인간의 공통된 정서를 고려한다면 일단 정해진 이 회의의 구성원을 더 적은 수로 줄일 수 없다는 것을 쉽게 알 수 있다. 왜냐하면 모든 사람은 명예욕에 가장 많이 이끌리며 건강한 신체를 가지고 사는 사람은 누구도 장수하기를 바라지 않는 사람이 없기 때문이다. 따라서 만일 우리가 실제로 50세나 60세에 달한 사람의 수를 세어 매년 회의 구성원으로 선출되려는 사람을 고려한다면 무기를 들려고 하는 사람은 거의 없지만, 이 구성원의 높은 지위에서 내려오는 것을 바라는 사람은 많지 않다. 따라서 그들은 힘닿는 한 이 회의의 모든 권리를 지킨다. 왜냐하면 부패는 만일 그것이 몰래 스며들지 않는다면 쉽게 방지된다는 것을 주의해 보아야만 하기 때문이다. 그러나 소수 씨족의 경우에 인원 감축이나 한 두 씨족의 완

전한 배제보다는 각 씨족에서 선출된 수의 감축이 더 쉽게 이해될 수
있고 보다 덜 불공평할 것이다. 따라서 (앞 장의 15절에 의해서) 고
문관의 수는 동시에 1/3이나 1/4 또는 1/5을 줄일 수밖에 없다. 이것
은 물론 특히 큰 변화이며 따라서 일반적 관행으로부터 전적으로 벗
어난 것이다. 그 이외에도 또한 선출의 지연이나 태만에 대해서 두려
워 할 필요가 없다. 왜냐하면 그러한 것들은 회의 자체에 의해서 보
충될 것이기 때문이다(앞 장의 16절을 보라).

11. 최고 회의의 큰 유용성 (6)

따라서 왕은 대중에 대한 두려움에서이든지, 다수의 무장한 대중을
자신의 편으로 만들기 위해서든지, 관용의 정신에 이끌려서든지 말
하자면 공공의 이익을 배려하기 위해서 항상 다수표를 얻은 의견을,
곧 (이 장의 5절에 의해서) 국가의 대부분에게 이익이 되는 의견을
재가하며, 왕에게 제출된 상이한 의견들을 가능한 한 조절하려고 애
쓸 것이다. 그리고 왕은 가능하면 모든 사람을 자기편으로 끌어들이
는 데 진력할 것이고, 평화 시에나 전시에나 한 왕을 소유하는 것이
어떤 것인지를 경험하도록 할 것이다. 따라서 왕은 대중의 보편적 복
지를 최대한 배려할 때 최대한으로 자신의 권리를 가질 것이며 또한
가장 큰 통치권을 소유할 것이다.

12. 군대는 오직 시민들로만 구성된다

왕 혼자서는 공포에 의해서 모든 사람들을 억압할 수 없다. 그러나
왕의 힘은 앞에서 말한 것처럼 군인들의 수에, 특히 그들의 용기와

충성심에 의존한다. 이 충성심은, 어떤 필요가 명예롭든지 불명예스럽든지 간에 그 필요에 의해서 사람들이 결합되어 있는 동안에만 성립할 것이다. 그리하여 왕은 군인들을 억제하기보다는 자주 선동하며, 보통 군인들의 미덕을 칭찬하기보다는 악덕을 은폐하고,[9] 또한 대부분 가장 선한 사람들을 억압하기 위해서 무력하고 사치에 빠진 자들을 찾아서 인정하고, 돈이나 호의로 그들을 지원하며, 악수하고 입 맞추며, 또한 지배하기 위해서[10] 온갖 비굴함을 다 행한다. 따라서 왕이 시민을 모든 것에 앞서서 인정하고 시민의 상태와 공정함을 허용하는 한 시민들은 자신의 권리를 유지하기 위해서는 군대가 오직 시민들로만 구성되어야 한다는 것 그리고 시민들이 왕의 고문관이 되어야 하는 것이 필요하다. 그리고 이와 반대로 시민들이 용병을 들여오는 것을 감내하는 순간 그들은 전적으로 예속 당하게 될 것이고 영원한 전쟁의 기초를 닦을 것이다. 용병의 직업은 전쟁이며 그들의 힘은 불화와 반란에서 가장 크다.[11]

13. 어떤 근거로 고문관을 선출하는가

왕의 고문관은 종신직으로 선출되어서는 안 된다. 그러나 고문관이 3년이나 4년 또는 최고로 쳐서 5년의 임기로 선출되어야 한다는 것은 우리가 6장의 15절과 16장에서 말한 것에 의해서 명백하다. 왜냐하면 만일 고문관이 종신직으로 선출된다면 대부분의 시민은 이 명예

---

9 (역주) Tacitus, Historiae II, lxxxii, 1 참조.

10 (역주) Tacitus, Historiae I, xxxvi, 2-3 참조. 여기에서 "지배하기 위해서"(pro dominatione)는 '독재하기 위해서'의 의미이다.

11 (역주) Tacitus, Historiae IV, i, 3참조.

직을 얻으려는 희망을 거의 가지지 못할 것이기 때문이다. 이로부터 시민들 사이에 큰 불평등(inaequalitas)이 생기고, 질투와 계속되는 불평 그리고 드디어는 반란이 일어날 것이다. 이러한 사태는 지배욕에 불타는 왕들에게는 확실히 호의적일 것이다. 이 외에도 고문관들은 후계자들에 대한 두려움이 없어지므로 모든 특권을 누릴 것이며, 왕은 이에 대해서 전혀 반대하지 않을 것이다. 왜냐하면 고문관이 시민들에게 미움 받을수록 그는 왕에게 더 접근하고 한층 더 아첨하려고 할 것이기 때문이다.

물론 5년간의 임기도 너무 긴 것으로 여겨진다. 왜냐하면 이 기간 동안에 고문관들의 수가 아무리 많다고 해도 고문관 대부분을 완전히 뇌물이나 호의로 매수해서 부패하도록 하는 것이 불가능하지 않기 때문이다. 따라서 각 씨족에서 5명의 고문관이 선출될 경우매년 각 씨족에서 두 명의 고문관을 퇴임시키고 그 수만큼의 고문관이 승계하도록 하는 것이 훨씬 더 안전할 것이다. 씨족의 법률 전문가가 퇴임하고 그 대신 새 법률 전문가가 선출되는 해를 빼고는 이렇게 하는 것이 안전할 것이다.

14. 왕의 안전. 역사적 증거들 (1)

게다가 어떤 왕도 그와 같은 국가에서 통치하는 것보다 더 큰 안전을 약속할 수 없다. 왜냐하면 병사들의 마음에 들지 않는 왕이 빨리 몰락하는 것 외에도 왕에게는 왕과 가장 가까이에 있는 사람들로부터 최대의 위험이 생기는 것은 확실하기 때문이다. 따라서 고문관들의 수가 적고 그들의 힘이 클수록 그들이 통치권을 다른 사람에게 양도할 위험이 왕에게는 한층 더 커진다. 다윗도 자신의 고문관 아히도벨이 압

살롬 편에 서는 것을 무엇보다도 두려워하였다.[12] 여기에 덧붙여서
만일 모든 권력이 한 사람에게 완전히 이양된다면, 권력은 한 사람으
로부터 다른 사람으로 훨씬 더 쉽게 양도될 수 있다. 왜냐하면 두 명의
병사가 로마의 통치권을 탈취하려고 시도하여 성공했기 때문이다.[13]

   고문관들이 질투의 희생자가 되지 않기 위해서 지키지 않으면 안
되는 술책과 교활한 계략은 잘 알려져 있기 때문에 생략한다. 그리고
역사를 읽은 사람이라면 누구도 고문관의 충성심이 흔히 고문관을
파멸에 이르게 했다는 것을 모를 리 없을 것이다. 따라서 고문관은
자신을 지키기 위해서 충성스럽기보다는 교활하지 않으면 안 된다.
그러나 고문관들의 수가 매우 많아 범행을 저지르기 위해서 합칠 수
없고, 모든 고문관들이 서로 평등하고 직무기간이 4년을 넘지 않으
며, 왕이 그들에게서 자유를 빼앗아서 모든 시민을 동시에 격분하게
하지 않는다면 그들은 왕에게 공포의 대상이 될 수 없다. 왜냐하면
안토니오 페레즈가 가장 잘 살펴본 것처럼[14] 절대 권력은 군주에게는
특히 위험하며, 수많은 사례들이 보여 주는 것처럼 신민에게는 특히 험
오스럽고 또한 신의 제도와 아울러 인간의 제도에도 반대된다.

15. 왕의 안전. 역사적 증거들 (2)

앞 장에서 우리는 다른 기초들을 말하였다. 이러한 기초로부터 왕에

---

12 (역주) '사무엘기 하' 15장 31절, 16장 23절, 17장 1절 참조.
13 (역주) Tacitus
14 (역주) 페레즈(Anton, Perexius)는 스페인 출신 법학 교수였으며 라파엘
    페레그리노의 관계(Relaciones de Rafael Peregrino), 제네바, 1644를 저술하였다.
    그는 스페인의 필립2세의 국가 서기로 일했고 자신의 결정을 정당화하기 위해서
    저술하였다.

게는 안전한 통치를, 시민에게는 안전한 자유와 평화를 획득하게 되
는데, 이에 대해서는 적절한 곳에서 밝힐 것이다. 우선 최고 회의
(supremum concilium)에 관계되며 가장 중요한 것을 증명하려고 하
기 때문이다. 그러면 앞에서 제시한 것들에 따라 순서대로 탐구하겠다.

16. 도시의 축성

시민들의 도시가 더 크고 더 잘 방어되어 있을수록 시민들은 더욱더
강해지고 자기들의 권리를 더 많이 가지리라는 것은 확실하다. 왜냐
하면 그들이 있는 장소가 안전할수록 그들은 한층 더 자기들의 자유
를 지킬 수 있으며 밖이나 안의 적을 두려워하지 않을 수 있기 때문
이다. 그리고 사람들은 재산을 많이 소유할수록 그만큼 더 자신의 안
전을 자연적으로 돌볼 것이다. 그러나 자기보존을 위해서 다른 도시
의 힘을 필요로 하는 도시는 다른 도시와 똑같은 권리를 가질 수 없
으며 다른 도시의 권리에 의존하게 된다. 왜냐하면 권리(ius)는 오직
힘(potentia)에 의해서만 정의된다는 것을 2장에서 밝혔기 때문이다.

17. 군대의 지원과 군대의 지휘관

또한 이와 똑같은 이유로, 시민들이 자기들의 권리를 보유하고 자유
를 지키기 위해서 군대는 어떤 예외도 없이 오직 시민들에 의해서만
(ex solis civibus) 구성되어야 한다. 왜냐하면 무장한 인간은 무장하
지 않은 인간보다 훨씬 더 많은 권리를 가지고 있기 때문이다(이 장
의 12절을 보라).[15] 그리고 타인에게 무기를 주고 도시의 방어를 맡

---

15 (역주) 훨씬 더 많은 권리를 가지고 있다는 것은 훨씬 더 독립적이라는 뜻이다.

긴 시민들은 타인에게 자기들의 권리를 완전히 양도하고 전적으로 타인의 신뢰에 위임한다. 여기에 대부분의 사람들이 가장 많이 이끌리는 인간의 탐욕(humana avaritia)이 더해져 용병은 큰 비용을 지불하지 않으면 고용할 수 없으며, 시민들은 나태한 군대를 유지하기 위해서 요구되는 막대한 세금을 거의 견딜 수 없게 된다.

그러나 전 군대의 사령관이나 또는 군대의 큰 부분의 사령관은 긴급한 경우가 아니라면 많아야 1년 임기로 선임되어야 한다는 사실은 성서의 역사는 물론 일반 역사를 읽은 사람은 누구든지 알 수 있다. 그러나 이성(ratio)만큼 이러한 사실을 한층 더 명백하게 가르쳐 주는 것은 아무것도 없다. 왜냐하면 사령관이 자신의 이름을 왕의 이름 이상으로 높이고, 관대함과 관용 그리고 다른 술책에 의해서 보통 장군들이 했던 것처럼 다른 사람들을 예속시켜서 세력을 확고하게 하여야 할 정도로 군대의 명예를 얻을 수 있는 충분한 시간이 허용된다면 확실히 국가의 힘(imperii robur)은 전적으로 그에게 위임될 것이기 때문이다. 끝으로 국가 전체의 더 큰 안전을 위해서 다음의 사실을 첨가하였다. 이러한 군대의 사령관들은 왕의 고문관들이나 또는 고문관직을 맡았던 사람들 중에서 곧 새롭고 위험한 것들보다는 오래되고 안전한 것을 택할 나이에 달한 사람들을 선임하여야 할 것이다.[16]

18. 시민들은 씨족에 따라서 구분된다

나는 다음처럼 말했다.[17] 시민들은 서로 씨족으로 나뉘어져야 하며, 큰 도시가 시민의 수에 따라서 많은 수의 고문관들을 소유하고 많은

---

16 (역주) Tacitus, Annales I, ii, 1 참조.
17 (역주) Machiavelli, N., Discorsi 1, 55 참조.

투표권을 행사할 수 있기 위해서 각 씨족마다 똑같은 수의 고문관들이 선출되어야 한다. 왜냐하면 국가의 힘 즉, 권리는 시민의 수에 의해서 평가되어야만 하기 때문이다. 시민들 간의 평등을 지키기 위해서는 이보다 더 적합한 다른 수단을 생각해 낼 수 없다. 모든 사람은 본성상 자기 자신의 종족에 속하고 혈통에 의해서 타인으로부터 구별되기를 원하도록 되어 있다.

19. 공동체의 기초는 시민권에 의해서 존재한다

게다가 자연 상태에서(in statu naturali) 각자는 토지와 토지에 속하는 것을 소유할 수도 없고 자신의 것으로 만들 수도 없어서 그것을 자신이 원하는 곳에 숨길 수도 없으며 가져갈 수도 없다. 따라서 토지와 토지에 속하는 것은 특히 국가의, 곧 자기들의 결합된 힘에 의해서 그것을 주장할 수 있는 모든 사람의, 또는 그것을 주장할 힘을 모든 사람이 위임한 사람의 공동의 소유이다. 따라서 토지와 토지에 부착된 것은 모두 시민들이 그곳에 발을 붙이고 공동의 권리나 자유를 방어할 수 있기 위해(서) 필요할 때에 한해서 가치를 가진다. 이 이외에도 그렇게 해서 분명히 국가에 생기는 유용성에 대해서 우리는 이 장의 8절에서 밝혔다.

20. 귀족은 오직 왕으로부터만 연유한다

시민들이 가능한 한 평등하기 위해서 특히 국가에서 필요한 것은 왕족 출신 이외에는 아무도 귀족으로 여겨서는 안 된다는 사실이다.[18]

---

18 (역주) 중세 유럽의 귀족 신분의 원천은 왕족 출신이었다.

그러나 만일 왕의 모든 후손이 결혼하거나 자식을 출산하는 것이 허
락된다면 시간이 지나면서 그 수는 특히 증가해서 왕과 무두에게 짐
이 될 뿐만 아니라 가장 두려움의 대상이 될 것이다. 왜냐하면 여가
(otium)를 지나치게 많이 가진 사람들은 주로 범죄 저지를 것을 생
각하기 때문이다. 이 때문에 왕들은 주로 귀족들 때문에 전쟁을 하게
된다. 왜냐하면 귀족들에게 둘러싸인 왕들은 평화를 통해서보다는
오히려 전쟁을 통해서 안전과 고요함을 가지기 때문이다. 그러나 이
것은 앞 장의 15절부터 27절까지 말한 것과 마찬가지로 충분히 알려
진 것이므로 더 이상 언급하지 않겠다. 왜냐하면 핵심점은 이미 증명
되었고 나머지들은 그 자체로 분명하기 때문이다.

21. 어떤 해의 재판관들

재판관의 수는 개인들로부터 뇌물에 의해 매수당하지 않을 만큼 많
아야 한다. 그리고 재판관들은 공공연하게 투표해서는 안 되고 무기
명 비밀투표를 하여야만 한다. 그리고 그들은 일에 대해서 보수를 받
아야 한다. 그러나 그들은 어디에서나 보통 1년 치 봉급을 한꺼번에
받는다. 그래서 그들은 전혀 재판을 서두르지 않고 자주 심리가 끝나
지 않는 일이 생긴다. 다음으로 재산의 몰수가 왕의 소득을 증가시켜
주는 곳에서는 흔히 권리나 진실을 아는 것보다는 재산의 양이 크게
고려된다. 밀고자들은 어디에나 널려 있으며, 가장 부유한 자들은 먹
이처럼 포획 당한다. 그러나 이 비참함과 견딜 수 없음은 전쟁의 필
연성 때문에 양해를 받아 평화 시에도 지속된다.[19]
　　그러나 길어야 2년이나 3년의 임기로 임명된 재판관은 후임자가

---

19 (역주) Tacitus, Historiae II, lxxxiv, 1-2 참조.

두려워서 탐욕을 조절하려고 할 것이다. 재판관이 부동산을 소유할 수 없고 자신의 돈을 이자를 받고 동료 시민에게 빌려주지 않으면 안 된다는 규정이 있을 경우에는 말할 필요 없이 재판관은 위와 같이 행동할 것이다. 따라서 이미 말한 것처럼 재판관들의 수가 많으면 그들은 동료 시민들에 대해서 음모를 꾸미기보다는 동료 시민들을 한층 더 보살피지 않을 수 없다.

22. 군인에게는 어떤 급여도 지급되지 않는다

그러나 군인에게는 앞에서 말한 것처럼 어떤 급여도 지급되어서는 안 된다. 왜냐하면 군인의 최고의 보수는 자유이기 때문이다. 그 이유인즉 자연 상태에서 각자는 오직 자유 때문에 가능한 한 자기 자신을 지키려고 애쓰며 자신의 독립 이외에는 전쟁의 용맹함을 위해서 어떤 다른 보수도 기대하지 않는다. 시민의 상태에서는[20] 모든 시민들이 함께 자연 상태의 인간으로 여겨질 수 있다. 따라서 모든 사람들은 자신의 상태를 위해서 싸울 때 자기를 지키며 자기를 위해서 일한다. 그러나 고문관, 재판관, 관리 등은 자신들보다는 남들을 위해서 일한다. 따라서 그들의 일에 대해서는 보수를 지급하는 것이 옳다. 여기에 덧붙여서 전쟁에서는 자유의 이미지(libertatis imago)보다 더 명예롭고 더 큰 승리의 자극제는 없을 것이다. 그러나 이와 반대로 시민의 일부만 군인으로 지정되고 그 때문에 그들에게 급여를 지급하는 것이 필요하게 된다면, 왕은 필히 그들을 다른 사람들보다 (우리가 이 장의 12절에서 밝힌 것처럼) 앞서서 인정하게 된다. 말하

---

20 (역주) 시민의 상태는 국가의 상태를 말한다.

자면 이 사람들은 오로지 전쟁의 기술만 알고, 평화 시에는 넘치는 여가로 인해서 사치스럽게 지내다가 타락하며 결국 가난에 빠져서 오로지 약탈과 시민들의 불화와 전쟁만을 생각하게 된다. 따라서 우리는 이러한 식의 군주국가는 실제로 전쟁 상태에 있으며 오직 군대만 자유를 누리고 나머지 사람들은 노예라고 단언할 수 있다.

23. 외국인과 왕의 혈족

외국인(peregrinus)을 시민의 수로 받아들이는 것은 앞 장의 12절에서 말한 것처럼 나는 자명하다고 생각한다. 게다가 아무도 다음의 사실을 의심하지 않을 것이다. 왕과 혈연적으로 가까운 사람들은 왕으로부터 떨어져 있어야 하고전쟁이 아니라 평화와 연관된 업무에 종사하여야 하며, 이로부터 그들에게는 명예가, 그리고 국가에는 안정이 찾아온다. 그럼에도 불구하고 이것은 물론 터키의 독재자들에게는 확실한 것으로 보이지 않았다. 따라서 그들에게는 형제들을 모두 살해하는 것이 일종의 의무였다. 그것은 놀랄 일이 아니다. 왜냐하면 통치권(imperium ius)은 한 사람에게 완전히 양도되면 될수록 14절에서 예로 제시한 것처럼 더욱 더 쉽게 한 사람으로부터 다른 사람에게로 양도될 수 있기 때문이다. 그러나 여기에서 우리가 이해하는, 곧 어떤 용병도 소유하지 않은 군주국가는 우리가 말한 것처럼 왕의 안전을 충분히 보장하리라는 것은 의심할 여지가 없다. 앞 장의 34절과 35절에서 말한 것에 대해서도 역시 아무도 문제 제기를 할 수 없을 것이다.

24. 왕의 위험한 결혼, 역사적 증거들

그러나 왕이 외국인과 결혼해서는 안 된다는 것은 쉽게 증명될 수 있다. 왜냐하면 두 국가는 서로 맹약에 의해서 결합되어 있다고 할지라도 적대 상태에 있는 경우를(3장의 14절에 의해서) 제외하고, 왕의 가정사로 인해서 전쟁이 일어나는 것은 무엇보다도 피해야 하기 때문이다. 그 이유는 분쟁과 분란은 주로 결혼으로 이루어진 동맹에서 생기며 두 국가 사이의 문제는 대체로 전쟁권에 의해서 해결되기 때문이다. 이로부터 서로 다른 국가들끼리 너무 긴밀한 동맹관계를 맺는 일은 국가에 치명적이라는 사실이 귀결된다. 이에 대한 치명적인 사례를 우리는 성서에서 읽을 수 있다. 왜냐하면 이집트 왕의 딸과 결혼한 솔로몬이 죽자 그의 아들 르호보암은 이집트 왕 시삭과 참혹한 전쟁을 치르고 시삭에게 전적으로 참패하였기 때문이다.[21] 이외에도 프랑스의 왕 루이 14세와 스페인의 필립 4세의 딸과의 결혼은 새로운 전쟁의 씨가 되었다.[22] 이외에도 많은 사례들을 역사에서 읽을 수 있다.

25. 왕국에서의 승계권

국가의 모습(imperium facies)은 하나의 동일한 것으로 보존되어야 하고, 따라서 왕은 동일한 성(sexus)을 소유한 한 사람이어야 하며,[23]

---

21 (역주) '열왕기 상' 14장 25절, '역대기 하' 8장 11절, 12장 2~9절 참조.
22 (역주) 스페인령 네덜란드의 소유권 승계를 위한 프랑스와 스페인 간의 전쟁(1667-1668)을 말한다.
23 (역주) 스피노자는 필히 남성이 군주가 되어야 한다고 주장한다. 이 책 마지막 부분 11장에서 스피노자는 특히 여성이 남성보다 능력이 부족하므로 정치적

통치권은 분할 불가능하다. 그러나 나는 다음처럼 말하였다. 왕의 장남이 법적으로 아버지의 후계자가 되어야 하고, 만일 아들이 없으면 왕과 혈연 상 가장 가까운 사람이 후계자가 되어야 한다. 이것은 대중에 의한 왕의 선출은 가능한 한 영속적이지 않으면 안 되기 때문이다. 만일 그렇지 않다면 최고의 통치권은 자주 대중에게 양도될 것이고, 이러한 일은 가장 큰, 따라서 가장 위험한 변화이다.

그러나 어떤 사람들은 왕이 국가의 주인이고 국가를 법적으로 완전히 소유하고 있다는 사실로부터 자신이 원하는 사람에게 국가를 넘겨줄 수 있고, 자신이 원하는 자를 후계자로 선임할 수 있으며 따라서 왕의 아들이 적법한 국가의 세습자라고 주장하는데, 이것은 확실히 잘못된 것이다.[24] 왜냐하면 왕의 의지는 국가의 검(civitatis gladius)을 소유하고 있는 동안에만 법적 힘을 가지기 때문이다. 그 이유는 통치권은 오직 힘에 의해서만 정의되기 때문이다. 따라서 왕은 물론 왕위에서 물러날 수 있지만 대중이나 그들 중 일부의 동의를 받지 않고서는 통치권을 타인에게 양도할 수 없다.

이것을 보다 더 명백하게 이해하기 위해서는 다음의 사실을 유의하여야 한다. 자식은 자연권에 의해서가 아니라 시민권에 의해서 부모의 상속자이다. 왜냐하면 각자가 일정한 재산의 주인이 되는 것은 오로지 국가의 힘에 의한 것이다. 따라서 자신의 재산을 처분하고자 하는 어떤 사람의 의지가 유효한 것은 국가의 권력이나 권리에 의한 것이고, 그가 죽은 후일지라도 그의 의지는 국가가 존속하는 동안에

통치에서 배제되어야 한다고 주장한다. 민주주의와 범신론적 자연주의를 역설하는 스피노자가 남성 우월성을 강변하는 것은 자기모순을 범하는 셈이다. 스피노자의 사상 역시 시대의 산물인 듯한 느낌이 있다.

24 (역주) Hobbes, De cive VII, 15, IX, 12, 13 참조.

는 유효하다. 그리고 이 이유로 인해서 각자는 시민의 상태에서는 살
았을 때 가졌던 동일한 권리를 죽은 후에도 소유한다. 왜냐하면 방금
말한 것과 마찬가지로 각자 자신의 힘이 아니라 영속적인 국가의 힘
이 각자의 재산을 처분할 수 있기 때문이다.

그러나 왕의 경우는 전혀 다르다. 왜냐하면 왕의 의지가 시민의 권
리 자체(ipsum ius civile)이며 왕은 국가 자체(ipsa civitas)이기 때문
이다.[25] 그러므로 왕이 죽으면 국가도 어떤 식으로든지 끝나고, 시민
의 상태는 자연 상태로 돌아가며 최고 권력은 자연히 대중에게로 돌
아가고 이에 따라서 대중은 합법적으로 새로운 법을 제정하고 낡은
법을 폐기할 수 있다. 따라서 대중이 왕의 계승자로 만들기를 원치
않는다면 아무도 왕을 법적으로 계승할 수 없다는 것이 분명하다. 아
니면 일찍이 고대 이스라엘 국가에서와 같은 신정제(theocratia, 神政
制)에서 왕은 예언자를 통해서 신이 선임하였다. 이 이외에도 우리는
이로부터 왕의 권력이나 권리는 실제로 대중의 또는 대중 대부분의
의지라는 것을 도출해 낼 수 있으며 또한 이로부터 이성을 타고난 인
간은 인간이기를 그만두고 짐승처럼 취급당할 정도로 자신의 권리를
전적으로 포기하지는 않을 것이다. 그러나 이것을 더 이상 탐구할 필
요는 없다.

26. 신을 예배할 수 있는 권리

종교나 신을 예배할 수 있는 권리는 아무도 타인에게 양도할 수 없
다. 그러나 이것에 대해서는 「신학-정치론」의 마지막 두 장들에서 상

---

25 (역주) Hobbes, De cive V, 9 참조. 여기에서 말하는 시민의 권리는 바로 국가의
   권리이다.

세히 다루었으므로 여기에서 반복할 필요는 없다. 이로써 나는 최선의 군주국가의 기초들에 대해서 비록 짧기는 해도 충분히 명백하게 증명했다고 생각한다. 그러나 군주국가의 기초들을 약간 주의해서 살펴보고자 하는 사람이라면 누구나 국가에 대한 그 기초들의 관계나 유사성을 쉽사리 관찰할 수 있을 것이다. 단지 다음과 같은 사실을 기억할 일만 남아 있다. 내가 여기에서 이해하는 군주국가는 자유로운 대중에 의해서(a libera multitudine) 설립된 국가이다. 그러한 대중을 위해서만 이와 같은 제안이 도움이 될 수 있다. 왜냐하면 다른 통치 형태에 익숙한 대중은 전체 국가를 붕괴시키는 위험 없이는 전체 국가의 기존의 기초를 제거하고 그 구조를 변화시킬 수 없기 때문이다.

27. 공동체의 모든 사람들의 본성은 하나이다

그런데 모든 사람에게 내재하는 악덕(vitia)을 오직 대중에게만(ad solam plebem) 있는 것으로 제한하는 사람들은 내가 기술한 것을 아마도 다음처럼 비웃으면서 받아들일 것이다. 말하자면 군중에게는 전혀 절제가 없으며, 그들은 두려워하지 않을 경우에는 위협을 가한다.[26] 그리고 대중은[27] 천박하게 복종하거나 오만하게 지배하며 그들에게는 진리나 판단력이 없다.[28] 그러나 모든 사람에게는 하나의 공통된 본성이 있다. 우리는 권력과 교양(potentia et cultus)에 의해서

26 (역주) Tacitus, Annales I, xxix, 3 참조.
27 (역주) Plebs는 대중, 천민, 가난한 사람들을 의미하는데 주로 무가치한 사람들의 무리를 지시할 때 사용된다.
28 (역주) Tacitus, Historiae I, xxxii, 1 참조.

기만당한다.[29] 두 사람이 똑같은 일을 할 때 우리는 흔히 이 사람은 무난하겠지만 저 사람은 하면 안 된다라고 말할 경우가 있다. 일이 다르기 때문이 아니라 하는 사람이 다르기 때문이다. 오만함 (superbia)은 지배자의 속성이다. 1년의 임기로도 사람들은 오만해진다. 그렇다면 영원히 명예를 누리는 귀족들은 어떨 것인가! 그들의 오만함은 무례한 경멸, 사치, 넘쳐 남으로 그리고 악덕과 일종의 교화된 어리석음과 세련된 부패행위의 어떤 혼합으로 장식되었으므로 하나씩 떼어놓고 보면 그것들이 너무 두드러져서 그 악덕들은 더럽고 비열하지만 무경험자나 무지한 사람에게는 정직하고 멋진 것으로 보인다.

게다가 군중은 전혀 절제가 없으며 그들은 두려워하지 않을 경우에는 위협을 가한다. 왜냐하면 자유와 예속(libertas et servitium)은 쉽사리 조화될 수 없기 때문이다. 마지막으로 대중에게는 진리도 판단력이 없다는 것은 놀랄 일이 아니다. 왜냐하면 국가의 주요 업무는 비밀리에 처리되며 단지 은폐될 수 없는 소수의 사안들로부터만 사람들은 자신의 추측을 이끌어내기 때문이다. 그 이유는 판단을 유보할 수 있는 것은 보기 드문 덕이기 때문이다. 따라서 시민들 모르게 모든 것을 행하고, 시민들이 모든 것을 잘못 판단하지 말기를 그리고 시민들이 모든 것을 나쁘게 해석하지 말기를 원하는 것은 가장 어리석은 짓이다.

왜냐하면 군중이 자기 자신을 절제할 수 있고 거의 알려지지 않은 것에 대해서는 판단을 유보할 수 있거나 미리 알려진 매우 적은 것으로부터 사태에 대해서 옳게 판단할 수 있다면, 그들은 확실히 통치받

---

29 (역주) cultus는 교양, 훌륭한 교육, 문화, 문명 등 여러 가지 의미를 가진다.

기보다는 오히려 통치할 만한 가치가 있다. 그러나 우리가 말한 것처럼 모든 인간들에게 있어서 본성은 동일하다. 모든 사람은 지배함으로써 오만해지며 두려움을 느끼지 못하면 위협을 가한다. 그리고 진리는 어디에서나 적개심이나 예속에 의해서[30] 훼손당한다. 특히 권리나 진리를 알지 못하고 많은 재산에 관심을 가진 한 사람 또는 소수의 사람이 지배하는 곳에서 진리는 그렇게 훼손당한다.

28. 모든 사람의 견고한 왕국

다음으로 훈련에 익숙하고 추위와 배고픔을 잘 참는 용병은 보통 시민들을 멸시한다. 왜냐하면 시민들은 정복이나 야전에서 용병들에게 훨씬 못 미치기 때문이다. 그러나 건전한 정신을 가진 사람이라면 어느 누구도 그렇기 때문에 국가가 한층 더 불행하다거나 보다 덜 견고하다고 주장하지 않을 것이다. 그러나 이와 반대로 사태를 공정하게 평가하는 사람은 누구나, 만일 국가가 타인의 것을 욕구하지 않고 자신의 것만 지킬 수 있고, 그래서 모든 수단을 다해서 전쟁을 피하고 온갖 노력을 기울여서 평화를 보존하려고 애쓴다면 그러한 국가가 한층 더 견고하리라는 것을 부정하지 않을 것이다.

29. 왕국의 고문들의 은폐시키는 힘

나는 이러한 국가의 전략들(consilia)이[31] 거의 은폐될 수 없다는 것

---

30 (역주) Tacitus, Historiae I, i, 1 참조.
31 (역주) consilium은 계획, 의도, 권고, 전략 등의 의미를 가진다.

을 인정한다.[32] 그러나 모든 사람들은 각자(는) 또한 나와 함께 다음의 사실을 인정할 것이다. 국가의 올바른 전략들이 적에게 알려지는 것이 독재자(tyrannus)의 옳지 못한 비밀이 시민들에게 은폐되는 것보다 훨씬 더 낫다. 국가의 업무를 비밀리에 처리할 수 있는 사람은 국가를 완전히 자신의 권력으로 장악하고 있으며, 그는 전시에 적에게 음모를 꾸미는 것처럼 그렇게 평화 시에는 시민들에게 음모를 꾸민다. 이러한 전략에 대해서 침묵하는 것이 국가에 흔히 이익이 된다는 것은 아무도 부정할 수 없다. 그러나 아무도 그러한 침묵이 없으면 국가가 존속할 수 없다고 증명할 수 없다. 그러나 이와 반대로 공무를 완전히 타인에게 위임하면서 동시에 자유를 획득하는 일은 결코 이루어질 수 없다. 따라서 아주 작은 손상을 가장 큰 악을 가지고 막으려는 것은 어리석은 짓이다. 그러나 국가의 업무를 비밀리에 처리하는 것이 그리고 이런 식의 다른 것들이 전적으로 국가의 이익을 위해서 필요하리라고 주장하는 사람들이 있는데 그것은 절대적인 통치권을 소유하고자 하는 사람들의 상투적 변명이다. 이러한 주장은 유용성의 이미지에 둘러싸여 있으면 있을수록 그만큼 더 혐오스러운 예속 상태로 나타난다.[33]

30. 아라곤 왕국의 예

마지막으로 내가 아는 어떤 국가도 비록 우리가 말한 그러한 모든 조건을 가지고 세워지지 않았다고 할지라도 우리는 경험을 통해서 또한 다음 사실을 밝힐 수 있을 것이다. 만일 우리가 모든 문명화된 국

---

32 (역주) Hobbes, De cive X, 14~15 참조.
33 (역주) Tacitus, Annales, I, lxxxi, 3 참조

가들의 보존과 멸망의 원인을 고찰하려고 한다면 이와 같은 군주국
가의 형태(manarchici imperii forma)가 최선의 형태일 것이다. 그러
나 나는 여기에서 독자를 매우 지루하게 하지 않고서는 이러한 고찰
을 수행할 수 없다. 그렇지만 기억할 만한 가치가 있는 한 가지 사례
를, 곧 아라곤인들의 국가(Arragonensium imperium)를[34] 침묵한 채
로 넘어가지 않을 것이다. 그들은 자기들의 왕에 대한 특별한 충성심
을 가졌고 굳센 마음으로 왕국의 제도를 온전하게 지켰다. 왜냐하면
아라곤인들은 무어인의 예속에서 벗어나자마자 자기들이 왕을 선출
하기로 정했기 때문이다. 그러나 왕의 선출 조건에 대해서 그들 사이
에서 충분히 의견이 일치하지 않았기 때문에 그들은 이 사항에 대해
서 로마 교황에게 자문을 구하기로 했다. 여기에서 확실히 이 사항에
관하여 예수의 대리자 역할을 담당한 교황은 그들이 이스라엘인들의
사례를 충분히 교훈으로 삼지 않고 왕을 선출하고자 한 것을 매우 심
하게 꾸짖었다. 그러나 그들이 의견을 바꾸기를 원치 않는다면, 그들
이 우선 관습에 충분히 일치하고 민족의 기질에 부합하는 규정을 만
들었을 때만 왕을 선출하기를 권고하였다. 그리고 교황은 특히 그들
이 어떤 최고 회의를 만들고 이것을 스파르타의 민선 장관
(Lacedemoniorum ephorus)과 마찬가지로 왕권에 대항할 수 있게 하
기를 그리고 왕과 시민들 사이에서 생길 수 있는 분쟁에 대해서 결정
할 수 있는 절대권을 이 회의에 부여할 것을 권고하였다. 따라서 그
들은 이러한 권고에 따라서 그들이 보기에 가장 공정한 법률을 만들
고, 법률의 최고 해석자를, 따라서 최고 심판자를 왕이 아니라 회의
로 하기로 했으며, 이 회의를 17인 회의(Septendecim)로 불렀고 의

---

34 (역주) Aragon은 현재의 스페인 동북부 지방이지만, 중세 때는 왕국이었다

장을 정의의 수호자(Iustitia)[35]라고 일컬었다.

따라서 여기에서 정의의 수호자와 17인 회원은 전혀 투표에 의해서가 아니고 추첨에 의해서 종신직으로 선출되었으며, 정치적인 그리고 종교적인 다른 회의들에서 각 시민에게 내린 판결과 왕이 내린 판결도 철회하고 파기할 수 있는 절대권(ius absolutum)을 보유하였다. 그래서 시민들은 누구든지 왕까지도 이 법정으로 소환할 권리를 가졌다. 그 이외에도 시민들은 왕을 선출하고 그의 권력을 없앨 수 있는 권리도 가지고 있었다. 그러나 여러 해가 지난 후 단도(Pugio)라고 불리어지는 돈 페드로(Don Pedro) 왕이[36] 간청, 매수, 약속과 온갖 종류의 환심을 통해서 결국 이러한 권리를 폐지하였다 그는 이 일을 성취함과 동시에 모든 사람들 앞에서 단도로 자기 손을 자르고, 또는 상처를 냈다고 하는 것이 보다 더 믿기 쉬운데, 신민들에게는 왕의 피를 흘리지 않고서는 왕을 선출하는 것이 허용될 수 없다고 덧붙여서 말했다. 그렇지만 그의 말은 다음의 조건에서만 효과적이었다. "신민을 해치고 통치하고자 하는 모든 권력에 대해서 신민은 무기를 잡을 수 있고 또한 잡아야 한다. 물론 그것이 왕 자신이든 미래의 군주의 계승자이든 간에 만일 이런 식으로 통치를 수행한다면 신민은 그에 대해서 앞에서와 같이 행할 수 있다." 물론 이러한 조건에 의해서 아라곤 사람들은 앞에서 말한 그러한 권리를 박탈당했다기보다는 개정했던 것이다. 왜냐하면 4장의 5절과 6절에서 밝힌 것처럼 왕은 시민의 권리가 아니라 전쟁의 권리에 의해서 지배력(dominandi

---

35 (역주) iustitia는 정의, 정의의 여신을 뜻한다. 여기에서는 정의를 지키는 여신의 역할을 담당한다는 의미에서 정의의 수호자라고 옮겼다

36 (역주) 돈 페드로(1336-1387)는 아라곤의 왕 페드로 4세로서 1384년 왕에 대한 법의 기초를 바꾸었다.

potentia)을 박탈당할 수 있고, 신민은 왕의 폭력(vis)을 오직 폭력에 의해서만 물리칠 수 있기 때문이다. 이러한 조건 이외에 아라곤 사람들은 다른 조건들을 규정하였는데 그것들은 우리의 목적과는 상관이 없다. 이러한 관습은 모든 사람들의 의견의 동의와 함께 믿을 수 없을 만큼 오랜 기간 동안 훼손되지 않고 유지되었으며, 왕들은 신민에 대해서 그리고 신민은 왕에 대해서 항상 충성심을 가지고 그렇게 유지되었다.

그러나 가장 처음으로 가톨릭 왕으로 일컬어진 카스티야 왕국의 페르디난드가[37] 카스티야 왕국을 상속받고 나서 카스티야인들은 아라곤인들의 이와 같은 자유를 질투하기 시작하였다. 따라서 그들은 페르디난드에게 아라곤인들의 권리를 폐지할 것을 계속해서 권고했다. 그러나 페르디난드는 아직 절대 권력에 익숙하지 않았으므로 아무것도 감히 시도할 수 없었고 고문관들에게 다음과 같이 답하였다. 자기는 사람들이 알고 있는 그러한 조건으로 아라곤 왕국을 인수했으며 그 조건을 엄중하게 지킬 것을 맹세한 것 이외에도, 그리고 이미 주어진 신뢰를 파기하는 것은 비인간적이라는 것 이외에도 다음과 같은 마음을 가지게 되었다는 것이다. 왕이 신민보다 그리고 반대로 신민이 왕보다 우월하지 않을 정도로 왕의 안전이 신민의 안전보다 더 크지 않은 동안에만 자신의 왕국은 안정적으로 지속하리라는 것이다. 왜냐하면 만일 두 편 중에서 한 편이 더 강하게 된다면 약한 편은 이전의 평등을 되찾으려고 노력할 뿐만 아니라 자신이 입은 상처에 대한 고통을 다른 편에 갚으려고 애쓰기 때문이다. 이로부터 한 편의 또는 양편 모두의 파멸이 귀결되리라는 것이다. 이와 같은 현명

---

37 (역주) 페르디난드(Castellae Ferdinando, 1476~1516)는 그의 아내 이사벨라의 유언에 따라서 스페인 중부에 있던 카스티야 왕국의 통치자가 되었다.

한 말이 자유인이 아니고 노예 상태의 인간을 통치하는 데 익숙한 왕
으로부터 나왔다는 사실에 나는 확실히 놀랄 수밖에 없다. 따라서 아
라곤인들은 페르디난드 이후 필립 2세에 이르기까지 더 이상 권리에
의해서가 아니라 왕의 힘에 의해서 자유를 유지하였다. 필립 2세는
네덜란드의 연합주들을 탄압했던 것보다 더 교묘하게 그리고 매우
잔학하게 아라곤인들을 탄압하였다. 그리고 비록 필립 3세가 모든
것을 온전하게 회복시키는 것으로 보였다고 할지라도 아라곤인들 대
부분은 보다 더 강한 자에게 아첨하기 위해서 왜냐하면 돌부리를 발
로 차는 것은 어리석기 때문에 그리고 나머지 사람들은 위협당할까
봐 두려워서 자유에 대해서 허울 좋은 말과 공허한 형식적 사용 이외
에는 아무것도 유지할 수 없었다.[38]

31. 많은 사람들은 왕 밑에서 충분히 큰 자유를 누릴 수 있다

따라서 우리는 다음처럼 결론 내린다. 왕의 힘이 오직 대중 자신의
힘에 의해서 결정되고, 대중을 보존함으로써 지켜진다면 대중은 그
러한 왕 밑에서 충분히 큰 자유를 누릴 수 있다. 그런데 이것은 군주
국가의 기초에 있어서 내가 탐구한 유일한 규칙이다.

---

38 (역주) Tacitus, Annales I, lxxxi, 3 참조.

8

귀족정의 첫 번째 모델

1. 귀족정이란 무엇인가? 귀족

지금까지는 군주정에 대해서 말하였다. 지금은 귀족국가가 영속할 수 있기 위해서는 어떻게 성립되어야 하는가를 언급하고자 한다. 우리는 귀족국가(aristocraticum imperium)란 한 사람이 아니라 대중에 의해서 선출된 몇몇 사람들이 통치권을 소유한 국가라고 말하였다. 앞으로 그 몇몇 사람들을 귀족(patricius)이라고 부를 것이다. 나는 분명하게 "선출된 몇몇 사람들이 소유한다"(quod quidam selecti tenent)라고 말한다. 왜냐하면 군주국가와 민주국가(democraticum imperium) 사이에는 다음과 같은 중요한 차이가 있기 때문이다. 귀족국가에서는 통치권이 오직 선거에만 의존하지만, 나중에 적당한 곳에서 설명하겠지만 민주국가에서는 통치권이 타고난 권리나 또는 우연히 얻은 권리에 의존한다. 따라서 어떤 국가의 대중 전체가 귀족으로 받아들여진다고 할지라도 귀족의 권리는 세습되지 않고 그 권리가 어떤 보편적인 법에 의해서 다른 사람에게 넘어가지 않으면, 그

국가는 틀림없는 귀족국가일 것이다. 왜냐하면 오직 선택된 사람만 귀족들의 수 안에(in numerum patriciorum) 받아들여지기 때문이다.

그러나 만일 귀족이 오직 두 사람뿐이라면, 한 사람은 다른 사람보다 더 강해지려고 애쓸 것이고, 국가는 한 사람의 지나친 힘으로 인해서 두 편으로 쉽게 분열될 것이다. 만일 통치권을 장악한 사람이 셋이나 넷이나 다섯일 경우 국가는 세 개나 네 개 또는 다섯 개 편으로 분열될 것이다. 그러나 통치권이 많은 사람들에게 위임되면 될수록 파벌들의 힘도 그만큼 취약해질 것이다. 이로부터 귀족국가가 안정적으로 통치되기 위해서는 국가의 크기를 고려하여 반드시 귀족의 수를 결정해야 할 것이다.

2. 귀족정은 많은 수의 귀족에 의해서 성립되어야 한다

따라서 중간 크기의 국가에 주권(summa imperii potestas)을[1] 위임받은 100명의 최선의 사람들이 있으면 충분하다고 치자. 그리고 이들 중 어떤 사람이 사망했을 때 이들에게 동료 귀족을 선출할 권리가 주어졌다고 하자. 물론 이 사람들은 자기들의 자식이나 혈연 상 가까운 사람들로 하여금 그 사람을 승계하게 하기 위해서 온갖 방법을 다해서 애쓸 것이다. 그리하여 주권은 항상 운 좋게 귀족들의 자식이나 귀족들의 혈족이 소유할 것이다. 운이 좋아 명예직에 오른 100명의 사람들 중에서 교양과 영리함으로 두드러진 사람은 세 명 정도 있을까 말까 하므로 통치권은 100명이 가진 것이 아니고, 정신력이 탁월해서 모든 것을 스스로 쉽게 처리할 수 있는 오직 두 명이나 세 명만

---

1 (역주) summa imperii potestas는 말 그대로 최고의 통치권이며 이것은 바로 주권이다.

이 가질 것이다. 그리고 그들은 각자 관습적으로 인간의 욕망에 의해서 군주정을 위한 길을 마련할 것이다.

따라서 만일 우리가 정확히 계산한다면, 적어도 100명의 최선의 사람들을 필요로 하는 국가의 주권은 최소한 5천 명 정도의 귀족들에게 위임되어야만 한다. 왜냐하면 이렇게 하면 정신적 덕이 뛰어난 사람이 100명 정도는 될 것이기 때문이다. 말하자면 명예직에 야망을 가지고 명예직에 오른 50명 중에서 최상의 사람들의 덕을 따르고 그래서 또한 통치를 할 만한 사람들 이외에도 최상의 인물에 버금가는 한 사람은 항상 발견될 것이다.

3. 군주정과 귀족정의 구분

통상적으로 세습 귀족들(patricii)은 국가의 수도인 한 도시의 시민들이다. 그래서 국가나 공화국은 옛적에는 로마처럼, 오늘날에는 베니스, 제노아처럼 도시로부터 명칭을 취하였다. 그러나 네덜란드 공화국은 전체 주들로부터 명칭을 취하였다. 이로부터 이 국가의 신민들은 보다 더 큰 자유를 누리는 일이 생길 수 있었다. 귀족국가가 초석으로 삼지 않으면 안 되는 기초를 결정하기에 앞서서 한 사람에게 위임된 통치권(imperium)과 큰 회의에 위임된 통치권 사이의 매우 큰 차이를 주의해 보아야 한다.

왜냐하면 첫 번째 경우 한 사람의 힘은 전체 통치권을 감당하기에 (6장의 5절에서 말한 것처럼) 부족하지만 큰 회의에 위임된 통치권에 대해서는 어떤 명백한 모순을 범하지 않고서는 이러한 언급은 맞지 않는다. 왜냐하면 그 회의가 크다는 것을 단언하는 사람은 동시에 그 회의가 통치권을 감당하기에 부족하다는 것을 부정하고 있기 때

문이다. 따라서 왕은 전적으로 고문관들을 필요로 하지만 회의는 고
문관들을 거의 필요로 하지 않는다.

다음으로 왕들은 죽지만 이와 반대로 회의는 영원하다. 따라서 일
단 큰 회의에 일단 양도된 통치권은 결코 대중에게 돌아오지 않는다.
이러한 것은 앞 장의 25절에서 밝힌 것처럼 군주국가에서는 경우가
다르다.

세 번째로 왕의 통치권은 흔히 왕이 어리거나, 병들었거나, 나이
들었거나 또는 다른 이유들로 인해서 불안하다. 그러나 회의의 힘
(concilii potentia)은 이와 반대로 항상 하나의 동일한 것으로 남는다.

네 번째로 한 인간의 의지는 특히 변하기 쉽고 불안하다. 이와 같
은 이유에서 확실히 군주국가의 모든 권리는 앞 장의 1절에서 말한
것처럼 왕의 명시적 의지이다. 그러나 왕의 모든 의지가 권리이어서
는 안 된다. 이러한 사실은 큰 회의의 의지에 대해서는 이야기될 수
없다. 왜냐하면 방금 밝힌 것처럼 회의 자체는 어떤 고문관도 필요로
하지 않으며 따라서 회의의 모든 명시적 의지가 필히 법이어야만 하
기 때문이다. 따라서 우리는 다음처럼 결론 내린다. 큰 회의에 양도
된 통치권은 절대적인 것이거나 또는 절대적인 것에 가장 근접하는
것이다. 왜냐하면 절대적 통치권(imperium absolutum)이[2] 존재한다
면 그것은 실제로 대중 전체가 보유하는 것이기 때문이다.

4. 귀족정은 군주정보다 훨씬 더 완전하다 (1)

그렇지만 이러한 귀족적 통치권이 결코 대중에게로 되돌아오지 않고

---

2 (역주) imperium absolutum은 절대적 통치권 또는 절대적 국가의 의미를 가진다.
Hobbes, De cive VI, 13 참조.

(방금 내가 밝힌 것처럼), 이 회의의 모든 의지가 절대적으로 권리인 한, 이러한 귀족적 통치권은 전적으로 절대적인 것으로 고찰되어야 한다. 따라서 이러한 귀족국가의 기초는 오직 회의의 의지와 판단에만 의존해야 하고 대중의 감시를 따를 필요가 없다. 왜냐하면 대중은 심의와 아울러 표결에서 제외되기 때문이다. 따라서 귀족적 국가가[3] 실천의 측면에서 절대 국가가 아닌 이유는 대중이 통치자에게 두려움의 대상이 된다는 것뿐이다. 그리하여 대중은 스스로 어떤 자유를 획득하는데, 대중은 이러한 자유를 명백한 법에 의해서가 아니라면 암묵적으로 스스로 주장하고 보존한다.

5. 귀족정은 군수정보다 훨씬 더 완전하다 (2)

따라서 이러한 귀족정 국가의 상태는 절대적 통치에 가장 접근하게 조직되어 있다면 최선의 상태로 된 것이 명백하다. 곧 가능한 한 대중이 공포의 대상이 되지 않고 또한 대중이 국가의 규약에 의해서 그들에게 필연적으로 부여된 자유만을 보유한다면 그렇게 될 것이 명백하다. 따라서 자유는 대중의 권리라기보다는 전체 국가의 권리로서, 오직 귀족들만 이 권리를 자신의 것으로 만들며 지킨다. 왜냐하면 앞 절에서 분명히 말한 것처럼 이렇게 해서 실천이 이론과 가장 잘 일치한다는 사실이 자명하기 때문이다. 그 이유는 다음과 같은 사실을 의심할 수 없기 때문이다. 남부 독일에서 보통 길드라고 일컬어지는 수공업자 조합(opificum collegia)에서처럼 민중이 많은 권리를 요구하면 할수록 그만큼 통치권은 귀족들에게 덜 의존하기 때문이다.

---

3 (역주) 귀족국가는 귀족 회의의 결정에 의존할지라도 현실적으로는 대중을 두려워한다.

6. 귀족정은 군주정보다 훨씬 더 완전하다 (3)

귀족정의 통치권이 의회에 완전히 위임된다는 사실로 민중은 혐오스러운 예속의 위험을 두려워 할 필요가 없다. 왜냐하면 큰 회의의 의지는 임의적으로 결정되지 않고 이성에 의해서 결정될 수 있기 때문이다. 물론 사람들은 사악한 정서에 의해서 분열되지만, 사람들이 명예로운 것을 욕구하거나 적어도 명예롭게 보이려고 하는 한, 그들은 하나의 정신에 의해서 인도될 수 있다.

7. 귀족정이 자유의 보존에 더 적절하다

따라서 귀족정의 기초(imperii aristocratici fundamentum)에[4] 대한 결정에 있어서는 특히 다음의 사실을 관찰해야 한다. 귀족정의 기초를 오직 귀족국가의 최고 회의에만 의존하게 하여 가능한 한 독립적으로 만들고 대중으로부터 어떤 위험도 당하지 않게 하여야 한다. 오직 최고 회의의 의지와 힘에만 의존하는 기초를 결정하기 위해서 군주국가에는 적합하고 귀족국가에는 적합치 않은 평화의 기초 (fundamenta pacis)를 알아보기로 하자. 왜냐하면 만일 군주정의 기초를 귀족정에 적합한 그리고 똑같이 효과적인 기초로 대체하고 이미 말한 나머지들은 그대로 내버려 둔다면, 의심할 여지없이 모든 반란의 원인은 제거될 것이고, 적어도 귀족국가는 군주국가 못지않게 안전할 것이다. 오히려 귀족국가는 군주국가보다 평화와 자유를 해

---

4 (역주) imperii aristocratici fundamentum은 문맥에 따라서 귀족정의 기초 또는 귀족국가의 기초로 옮겼다. imperium은 앞의 역주에서도 밝힌 것처럼 명령, 규정, 힘, 권력, 통치권, 관권, 국가, 왕국, 황제 등 여러 가지 의미들을 가지고 있다.

치지 않고 절대적 통치에 접근하면 할수록(이 장의 3절과 6절을 보라) 더욱 더 안전하고 그 자체의 조건이 더 좋아질 것이다 왜냐하면 최고 권력의 권리(ius summae potestatis)가 클수록 통치 형태는 더욱 더 이성의 명령에 일치하며(3장의 5절에 의해서), 따라서 평화와 자유의 유지에 한층 더 적합하기 때문이다. 따라서 여기에서는 우리가 6장 9절에서 말한 것을 한번 대충 훑어 보고, 이 귀족국가에 적합하지 않은 것은 제외하고 귀족국가에 일치하는 것들을 알아보기로 하자.

8. 도시의 축성

우선 하나의 도시나 여러 도시를 건설하고 방어하는 일이 필요하다는 것은 아무도 의심할 수 없을 것이다. 그러나 그 중에서 국가의 수도가 되는 도시를 주로 방어해야 하며, 그 이외에도 국경에 있는 도시들을 방어해야만 한다. 왜냐하면 국가의 수도이며 최고의 권리를 가지고 있는 도시는 모든 도시들에 비해서 더 강하지 않으면 안 되기 때문이다. 귀족국가에서는 모든 주민들을 씨족으로 나누는 것은 전혀 필요하지 않다.

9. 군대와 군대의 지휘관

군대에 대해서 말하자면, 이러한 귀족국가에서는 모든 사람들 사이에서가 아니라 오직 귀족들[5] 사이에서만(tantum inter patricios) 평등을 찾을 수 있고 귀족들의 힘이 민중의 힘보다 더 크다. 따라서 군대를 다른 사람들이 아니라 오직 신민으로만 구성하는 것은 이러한 귀

---

5 (역주) 여기에서 말하는 귀족은 물론 세습 귀족(patricius)이다.

족국가의 법이나 기본 권리에 속하지 않는다. 그러나 전쟁의 기술을 옳게 알지 못하는 사람은 아무도 귀족으로 받아들여서는 안 된다. 그러나 몇몇 사람들이 원하는 것처럼 신민을 군대에서 제외하는 일은 확실히 어리석은 짓이다.[6] 왜냐하면 신민에게 지급되는 군대의 급여는 그 나라에 남지만, 외국 군인에게 지급되는 급여는 모두 없어져 버리기 때문이다. 뿐만 아니라 국가의 최대의 힘도 약화되고 만다. 왜냐하면 가정과 고향을 위해서 싸우는 사람들은 특별한 용기를 가지고 싸운다. 전쟁의 지휘관들, 곧 연대장과 중대장 등이 오직 귀족들 중에서만 선임되어야 한다고 주장하는 사람들 역시 적지 않게 잘못을 범하고 있다. 왜냐하면 영광과 명예를 얻을 수 있는 모든 희망을 빼앗겨 버린 군인들이 어떻게 용기를 가지고 싸우겠는가?

이와 반대로 귀족이 국가를 방어하거나 반란을 진압하기 위해서 또는 다른 이유로 인해서 외국 군인을 모집하는 것을 법으로 금지하는 것은 바람직하지 못할 뿐만 아니라 귀족의 최고 권리에도 모순된다. 이에 대해서는 이 장의 3, 4, 5절을 보라. 또한 한 부대나 전체 군대의 사령관은 전쟁 시에 한해서만 오직 귀족들 중에서만 선임되어야 한다. 그러나 그는 1년간만 최고의 지휘권을 가지며 계속해서 지휘권을 가질 수도 없고 재선임될 수도 없다. 이와 같은 권리는 군주국가에서도 필요하지만 귀족국가에서 가장 필요하다. 왜냐하면 앞에서 이미 말한 것처럼, 통치권은 자유로운 회의로부터 한 인간에게 양도될 수 있는 것보다 한 사람으로부터 다른 사람에게 양도될 수 있는 것이 훨씬 더 쉽다고 할지라도, 귀족들이 자기들의 사령관에게 억압당하는 일이 생긴다면 그것은 국가에 매우 큰 손해를 입힐 것이다.

---

6 (역주) Machiavelli, N., Discorsi I, 6 참조.

왜냐하면 군주가 제거된다면 국가가 아니라 단지 지배자만 바뀌기 때문이다. 그러나 귀족국가에서 그와 같은 변화는 국가의 전복과 가장 탁월한 사람들의 몰락 없이는 일어날 수 없다. 그와 같은 일에 대해서는 로마가 가장 비극적인 사례를 제시하였다.[7]

　군주국가에서 군인은 급여 없이 봉사하지 않으면 안 된다고 말했던 이유는 귀족국가에는 해당되지 않는다. 왜냐하면 신민은 심의와 표결에서 제외되므로 외국인과 동등하게 인정되어야 하고 따라서 외국인에 비해서 불리한 조건으로 모병되어서는 안 되기 때문이다. 여기에서는 신민이 회의에[8] 의해서 여타의 사람들보다 한층 더 인정받는 것은 위험한 일이 아니다. 실로 군인들이 자신의 행적을 부당하게 평가받지 않게 하기 위해서 귀족들은 군인들에게 봉사에 대한 일성액의 급여를 결정하는 것이 바람직하다.

10. 경작지와 토지의 판매

귀족들을 제외하고는 모든 사람들이 외국인이라는 이유에서 경작지와 집과 모든 토지를 공공의 권리에 속하는 것으로 정하여 매년 일정액을 받고 주민에게 임대하는 것은 전체 국가에 위험이 아닐 수 없다. 왜냐하면 통치에 전혀 참여하지 않는 신민은 자기들이 소유한 재산을 원하는 곳으로 가지고 갈 수 있다면 재난 시 모두 쉽게 도시를 떠날 것이기 때문이다. 따라서 이러한 귀족국가의 경작지와 토지는 신민에게 임대해서는 안 되고 팔아야 한다. 또한 매년 수확물 중 일정 부분을 국가에 납부하는 조건으로 신민에게 팔아야 하는데, 이것

---

7 (역주) Machiavelli, N., Discorsi III, 26 참조.
8 (역주) 여기에서 회의는 귀족들의 최고 회의를 말한다.

은 네덜란드에서 행해지는 것과 같다.

11. 최고의 귀족 회의

이러한 고찰로부터 나는 최고 회의를 정초하고 견고하게 해야만 하는 기초들을 살펴보겠다. 이 장의 2절에서 우리는 중간 정도 크기의 국가에서는 이 회의의 구성원이 5천명이 되어야 한다고 밝혔다.[9] 따라서 통치권이 점진적으로 소수의 사람들에게로 옮겨가지 않도록 하고, 국가가 증대함에 따라서 귀족의 수를 늘리는 방법을 찾아야 한다. 다음으로 가능한 한 귀족들 사이에서 형평성이 지켜지도록 하여야 한다. 게다가 공동의 선을 배려하기 위해 회의에서는 업무가 신속히 처리되어야 한다. 끝으로 귀족들이나 회의의 힘이 대중의 힘보다 더 크지만 그것으로 인해 대중에게 어떤 손해도 끼쳐서는 안 된다.

12. 귀족정의 몰락의 원인

그러나 귀족국가의 첫 번째 기초를 획득하는 데 있어서의 가장 큰 어려움은 질투(invidia)에서 생긴다. 왜냐하면 인간들은, 이미 말한 것처럼 본성상 적이며, 법에 의해서 결합되고 연결되고 있다고 할지라도 본성을 보존하고 있기 때문이다. 그런데 민주국가(imperia democratica)가 귀족국가로 그리고 결국 귀족국가가 군주국가로 변하는 것은 바로 그러한 것에서 생긴다고 나는 생각한다. 왜냐하면 분명히 내가 확신하기에는 많은 귀족국가들이 처음에는 민주국가였기

---

9 (역주) 스피노자가 여기에서 언급하는 최고 회의의 구성원은 베네치아 공화국을 참고한 것으로 여겨진다.

때문이다. 말하자면 어떤 대중이 새로운 거주지를 찾다가 그것을 찾아서 터를 다졌을 때 그들은 통치에 대해서 전적으로 동등한 권리를 보유한다. 왜냐하면 아무도 통치권을 타인에게 넘겨 줄 뜻이 없기 때문이다. 그러나 비록 그들 각자는 타인이 자신에 대해서 가지고 있는 권리를 자기도 타인에 대해서 동등하게 가지고 있다는 것을 정당하다고 인정할지라도, 자기들이 애써서 찾고 피 흘려서 획득한 영토로 이주해 온 이방인들이 자기들과 동등한 권리를 가지는 것은 부당하다고 생각한다. 이 점은 이방인 자신들도 반대하지 못할 것이다. 물론 그들은 통치하기 위해서가 아니라 사적인 일을 돌보기 위해서 이주해 왔으며, 그들에게는 그들의 일을 안전하게 수행할 수 있을 정도의 자유만 허용되면 그들은 자기들이 충분히 인정받는다고 생각한다.

그러나 그동안 이방인의 유입으로 대중의 수가 증가하고, 이주민들이 점점 본토인의 관습을 익히게 되어 공직을 맡을 권리를 지니지 못한 것 이외에는 아무런 차이도 없게 된다. 그리고 이주민의 수는 날마다 증가하는데 반해서 시민들의 수는 여러 가지 이유에서 줄어든다. 물론 씨족들은 자주 소멸되는데, 어떤 사람들은 범죄 때문에 추방당하고, 많은 사람들은 궁핍한 가정사 때문에 공무에 참여하지 못하는 데 비해서 보다 더 힘 있는 자들은 오직 자기들이 통치하는 것 이외에는 아무것에도 노력을 기울이지 않는다. 그렇게 해서 점차로 통치권은 소수인에게 돌아가며 결국에는 파벌로 인해서 한 사람에게 돌아간다. 그런데 여기에 이러한 귀족국가를 파멸시키는 다른 원인들을 덧붙일 수 있다.[10] 그러나 그것들은 충분히 알려진 것들이기 때문에 나는 그것들을 남겨두고, 지금 다루고 있는 국가를 보존하

---

10 (역주) Aristoteles, Politica 1305b-1307b 참조.

게 하는 법들에 대해서 질서 있게 밝혀 보고자 한다.

13. 귀족정의 첫 번째 법은 점진적으로 과두정(寡頭政)으로 넘어 가지 않는다

귀족국가의 첫 번째 법은 대중에 대한 귀족의 수적 비율(ratio numeri patriciorum ad multitudinem)을 결정하는 것이어야 한다.[11] 왜냐하면 (이 장의 1절에 의해서) 대중과 귀족 간의 비율은 대중의 증가율에 따라서 귀족의 수가 늘어나야 하기 때문이다. 그런데 이 비율은 (우리가 이 장의 2절에서 말한 것에 의해서) 대강 50대 1이어야 한다. 곧 귀족의 수가 대중의 수에 비해서 이 비율보다 더 적은 것은 결코 바람직하지 않다. 왜냐하면 이 장의 1절에 의해서 국가의 형태를 지키기 위해서는 귀족의 수가 대중의 수에 비해서 훨씬 더 많을 수 있기 때문이다. 오히려 귀족의 수가 적을 때 더 위험이 있다. 그러나 이러한 법이 침해당하지 않고 지켜지기 위해서는 어떤 방법을 찾아야 할지에 대해서 곧 적절한 곳에서 밝힐 것이다.

14. 씨족 구성원에 의한 귀족의 선출 (1)

귀족은 일정한 장소에서 오직 어떤 특정한 씨족들에서만 선출되어야 한다. 그러나 이것을 명백한 법으로 정하는 것은 위험한 일이다. 왜냐하면 씨족들은 자주 사멸해 버리며, 한 씨족을 선출에서 배제하는 것은 그 씨족에게 큰 불명예가 된다는 것 이외에도 만일 귀족의 지위

---

11 (역주) 여기에서 말하는 대중은 평민이다. 따라서 귀족과 평민의 비율 결정이 귀족정에서 기본적으로 필요하다는 것이 이 문장의 내용이다.

가 세습된다면 (이 장의 1절에 의해서) 그것은 귀족국가의 형식과 모순되기 때문이다. 그러나 귀족이 이렇게 선출되면 그러한 국가는 오히려 우리가 이 장의 12절에서 기술한 것처럼 가장 적은 수의 시민들이 통치권을 장악한 민주국가로 여겨질 것이다.

　그렇지만 이와 반대로 귀족들로 하여금 그들의 자식과 혈족을 귀족으로 선출하지 못하게 하고, 따라서 통치권이 특정한 씨족에 머물지 못하게 하는 것은 불가능하며, 우리가 이 장의 39절에서 밝히게 되겠지만 그것은 실로 부당하다. 그러나 귀족들이 명백한 법으로 통치권을 획득하지 않고, 그 밖의 다른 사람들, 말하자면 그 국가에서 출생하고, 자국어를 사용하며, 외국 여자와 결혼하지 않고, 불명예스럽지 않고, 머슴이아니고, 마지막으로 어떤 예속된 직무로 생계를 유지하지 않는 사람들을(이들 중에는 포도주 식당과 맥주점의 주인도 포함된다) 국가에서 배제되지 않는다면 국가의 형태는 여전히 보존되고, 귀족과 대중과의 비율 역시 언제나 지켜질 수 있을 것이다.

15. 씨족 구성원에 의한 귀족의 선출 (2)

젊은 사람은 어떤 사람이라도 선출되지 않도록 법으로 정한다면, 사람 수가 적은 씨족이 통치권을 보유하는 일은 결코 생기지 않을 것이다. 따라서 30세에 이르지 않으면 아무도 피선출인 목록에 오를 수 없도록 법으로 정하여야 한다.

16. 회의의 장소와 시간

세 번째 정해야 할 것은 모든 귀족이 특정한 시기에 도시의 일정한 장소에서 회합을 가지지 않으면 안 된다는 것이다. 그리고 불참석의 이유가 질병이나 어떤 공무가 아니라면 회의에 참석하지 않은 사람에게는 상당액의 벌금이 부과되어야 한다. 이렇게 되지 않을 경우 많은 사람들이 가정의 일 때문에 공무를 소홀히 할 것이기 때문이다.

17. 최고 회의의 직무

이 회의의 직무는 법을 제정하고 폐지하며, 동료 귀족들을 그리고 모든 국가의 관리들(omnes imperii minstros)을 선출하는 것이다. 왜냐하면 우리가 이 회의에 속하는 것으로 판단한 최고의 권리를 소유한 사람이 법을 제정하고 폐지하는 힘을 타인에게 주는 것은 동시에 자신의 권리를 포기하고 그가 이러한 권리를 부여한 사람에게 자신의 권리를 양도하지 않고서는 그렇게 할 수 없기 때문이다. 그 이유인즉 법을 제정하고 폐지할 수 있는 권력(potestas)을 단 하루라도 가지고 있는 사람은 국가의 전체 형태를 바꿀 수 있기 때문이다. 그러나 그 사람이 만일 최고의 권리를 보유하게 된다면 그가 맡고 있던 국가의 일상 업무를 일정기간 정해진 법에 따라서 처리하도록 다른 사람들에게 위임할 수 있다. 게다가 만일 통치하는 관리들이 이 회의가 아닌 다른 회의에서 선출된다면 이들은 귀족들이 아니라 오히려 피후견인들(pupilli)이라고 일컬어져야 할 것이다.

18. 직접적인 또는 기본적인 회의

어떤 사람들은 이 회의를 위한 지도자나 의장을 베니스인들처럼 종신직으로 또는 제노아인들처럼 임기직으로 임명하곤 하였다. 그러나 이것은 매우 조심하여야 하며 국가의 큰 위험을 감수하지 않고는 행해질 수 없다는 것이 매우 명백하다. 그리고 이렇게 할 때 귀족국가는 군주국가에 근접하며, 이 국가들이 바로 이러한 제도를 택한 이유는 이 회의가 성립되기 이전부터 그들이 마치 왕 아래에 예속되어 있는 것처럼 지도자나 총독 아래에 예속되어 있었기 때문이라는 것을 귀족국가의 역사로부터 추리할 수 있다. 따라서 지도자를 만드는 것은 특정한 민족에게는 필요하지만, 귀족국가를 완전히 고찰할 경우 필요한 요구는 아니라고 확신한다.

19. 귀족들 간의 평등

귀족국가의 최고 통치권은 이 회의 전체에 속해 있고 국가의 각 구성원에게 속하지 않기 때문에 (만일 그렇지 않으면 회의는 무질서한 대중의 모임일 것이므로) 정신의 지배를 받는 하나의 신체를 구성하는 것처럼 모든 귀족을 법으로 구속하여야 할 필요가 있다. 그러나 법은 그 자체로는 무력하며, 법의 수호자들이 법을 위반할 위치에 있는 사람들이고, 사람들이 형벌이 두려워서 자기들의 욕망을 억제하고 자기들의 동료들을 처벌하여야만 할 경우 법은 쉽사리 파괴된다. 이것은 매우 부당한 일이다. 그래서 이 최고 회의의 질서와 국가의 권리가 침해당하지 않고 지킬 수 있는 수단을 찾아야 하며 그렇게 해서 귀족들 간에는 가능한 한 평등이 성립할 수 있도록 하여야만 한다.

20. 법률고문들과 그들의 직무 (1)

그러나 또한 한 사람의 지도자나 의장이 회의에서 투표권을 행사할 경우에는 필히 커다란 불평등이 생기지 않을 수 없다. 특히 그들이 자신의 직무를 안전하게 수행할 수 있기 위해서 필연적으로 그들에게 주어지지 않으면 안 되는 힘 때문에 그러하다. 따라서 모든 법을 옳게 철저히 숙고한다면, 공공 복리의 이익을 위해서는 오직 이 최고 회의 아래에 몇 명의 귀족들로 구성되는 다른 회의를 설립할 수 있어야 한다. 이 귀족들의 직무는 단지 회의와 국가의 관리들이 관여하는 국가의 법이 침해당하지 않게만 지키는 것이다. 따라서 이들은 관리들 자신에 관한 법을 위반한 국가의 관리들을 해당 법규에 의해서 법정에 소환하여 기본법에 따라서 단죄할 수 있는 권력을 소유한다. 앞으로 우리는 이들을 법률고문들(syndicos)이라고 부를 것이다.

21. 법률고문들과 그들의 직무 (2)

이 법률고문들은 종신직으로 선출되어야 한다. 왜냐하면 만일 그들이 임기직으로 선출된다면, 그들은 이 장의 19절에서 밝힌 것처럼 퇴임 후 다른 관직으로 불려갈 수 있어서 불합리함에 봉착할 것이다. 그러나 특히 너무 장기간 재임하면 오만해지기 때문에 60세 이상이어야 하고 원로원 직무를 (이에 대해서는 아래에서 말하겠다) 수행한 사람만 이 관직에 선출되어야 한다.

22. 법률고문들과 그들의 직무 (3)

만일 우리가 이 법률고문들과 귀족과의 관계가 전체 귀족들과 대중의 관계와 같다는 것을, 만일 귀족의 수가 적절한 수보다 적을 경우 대중을 다스릴 수 없다는 것을 고찰한다면, 우리는 법률고문관들의 수를 쉽게 결정할 수 있을 것이다. 따라서 귀족들의 수에 대한 법률 고문관들의 수는 대중의 수에 대한 귀족들의 수와 마찬가지로, 곧 (이 장의 13절에 의해서) 50대 1로 하지 않으면 안 된다.

23. 법률고문들과 그들의 직무 (4)

이 회의가 안전하게 자신의 직무를 수행할 수 있도록 군대의 일부가 회의에 배정되어야 하는데, 회의는 원하는 것을 군대에 명령할 수 있어야 한다.

24. 법률고문들과 그들의 직무 (5)

법률고문들이나 국가의 관리들 각자에게는 어떤 급여도 책정되어서는 안 되고, 그들이 공무를 잘못 처리하면 자신들에게 큰 손해가 가므로 그들에게는 수당이 책정되어야 한다. 왜냐하면 이 국가 관리들의 일에 대해서 보수를 책정하는 일이 정당하다는 것은 의심할 수 없기 때문이다. 그 이유인즉 국가의 대부분은 평민(plebs)이며, 평민 자신은 전혀 공무가 아니고 사적 일만 돌보고 있음에 비해서 귀족들(patricii)은 평민의 안전을 지키고 있기 때문이다. 그러나 이와는 반대로 (우리가 7장의 4절에서 말한 것처럼) 사람들이 타인의 복지를 옹호하는 것은 오직 그것으로 자신의 복지를 확실하게 할 수 있다고 생각하는 한에서 그렇게 하므로, 공무를 돌보는 관리들이 공공의 선을 위해서 최선을 다할 때 그들은 필연적으로 최선을 다해서 자기 자신들을 지키게 되는 것이다.

25. 법률고문들과 그들의 직무 (6)

따라서 이미 말한 것처럼 법률고문들의 직무는 국가의 권리가 침해당하지 않고 지켜지도록 살피는 것이므로 그들에게는 다음처럼 수당이 책정되어야 한다. 말하자면 국가의 어떤 장소에 거주하는 모든 가장들 각자는 매년 일정액을, 곧 4분의 1온스의 은화를 법률고문들에게 지급하여야 한다. 이로부터 법률고문들은 주민 수를 알 수 있을 것이고 따라서 귀족들이 주민의 얼마만한 부분을 차지하는지도 관찰할 수 있을 것이다. 다음으로 새로 뽑힌 귀족은 선출되었을 때 법률고문 회의에 상당액을, 예컨대 20이나 25파운드 은화를 지불하여야 한다.[12] 그리고 회의 소집에 불참한 귀족들에게 부과된 벌금도 법률고문 회의에 배정되어야 한다. 또한 잘못을 범하여 법정에 선 관리에게는 일정액의 벌금을 물리거나 재산을 몰수하여 그것을 법률고문 회의에 배정하고, 물론 모두에게는 아니지만 매일 회의에 참석하며 법률고문 회의를 소집하는 일을 직무로 삼는 사람들에게 일정액이 배정되어야 한다(이에 대해서는 이 장의 28절을 보라).

그러나 최고 회의가 정기적으로 소집될 경우 법률고문 회의가 항상 적정 수의 고문들을 유지한다는 것을 보장하기 위해서는 모든 것에 앞서서 다음과 같은 것을 탐구하여야 한다. 만일 법률고문 회의가 직무를 태만히 한다면, 원로원(senatus)의 (이에 대해서는 곧 언급할 것이다) 의장은 이 사안에 대해서 최고 회의에 경고하며, 법률고문 회의 의장이 이 사안에 침묵한다면 그에게 그 이유를 따지고 이 사안에 대한 최고 회의의 견해를 들을 수 있도록 하여야 한다. 만일 원로

---

12 (역주) 여기에서 스피노자가 말하는 법률고문(patricius: 호법관) 또는 법률고문 회의는 주로 베니스공화국의 예를 빌려온 것이다.

원 의장도 침묵한다면 최고재판소 의장이 이 사안을 다루고, 최고재판소 이장이 침묵한다면 다른 귀족이 이 문제를 다루고 법률고문 회의 의장, 원로원 의장 및 최고재판소 의장에게 침묵한 이유를 설명하도록 요구하여야 한다. 마지막으로 젊은이들을 배제하는 법을 엄밀히 관찰하기 위해서는 다음과 같은 규정이 정해져야만 한다. 30세에 달하여 공무에 참여하는 것이 명백하게 법적으로 금지되지 않은 모든 사람은 법률고문 회의 앞에서 자신들의 이름을 명부에 등록하도록 하고, 자신들이 받은 직분을 표시한 특정한 표지를 일정액을 지불하고 법률고문 회의로부터 받도록 하여야 한다. 그래서 그들에게는 오직 그들만 지닐 수 있는 특정한 장식이 허용되고 사람들이 그들을 알아보며 그 장식을 통해서 그들은 타인들의 존경을 받는다. 그런가 하면 선거에서 이름이 일반 명부에 등록되어 있지 않으면 어떤 귀족이라도 입후보를 할 수 없게 하며 어긴다면 중벌에 처하는 것이 법적으로 정해져야 할 것이다. 게다가 아무도 그에게 주어진 직무와 직위를 거부할 수 없다.

마지막으로 국가의 모든 완전한 기본적 권리들(omnia absolute fundamentalia imperii iura)이[13] 영속적이기 위해서는 다음과 같은 규정이 정해져야만 한다. 어떤 사람이 최고 회의에서 어떤 기본권에 대해서 문제를 제기한다면, 예를 들어 어떤 군사령관의 임기 연장에 대해서, 귀족 수의 감축에 대해서 그리고 이와 유사한 일에 대해서 문제를 제기한다면 그를 반역죄로 기소하고 사형선고를 내리며 재산을 몰수하여야 할뿐만 아니라 이것을 영원히 기억하기 위한 기념비를 공적으로 세워야 할 것이다. 그러나 국가의 나머지 공동의 권리를 안

---

13 (역주) imperii iura는 국가의 권리들과 국가의 법들 두 가지로 해석할 수 있는데, 여기에서는 국가의 권리들로 옮겼다.

정시키기 위해서는 우선 법률고문 회의가 그리고 다음으로는 최고 회의의 4분의 3이나 5분의 4가 동의하지 않고서는 어떤 법도 폐지될 수도 없고 또 새로 제정될 수도 없게 하는 것으로 충분하다.

26. 국가의 관리들 (1)

최고 회의를 소집하고, 최고 회의에서 결정할 안건을 제출할 수 있는 권리는 법률고문 회의에 있다. 또한 최고 회의에서 법률고문들은 상석에 배정되지만 그들에게는 투표권이 없다. 그러나 그들은 자리에 앉기 전에 최고 회의의 안녕과 공공의 자유를 지킬 것과 최선을 다해서 조국의 법이 침해당하지 않도록 지키고 공공의 선을 돌볼 것을 선서하여야만 한다. 이 일이 끝나면 그들은 서기들이 제출한 안건을 차례대로 관리들이 알리게 한다.

27. 국가의 관리들 (2)

그러나 법의 결정과 국가 관리를 선출해서 모든 귀족들의 권력을 평등하게 하기 위해서, 그리고 모든 업무의 신속한 처리를 위해서는 베니스인들이 지켜온 질서를 전적으로 추천할 만하다. 그들은 국가 관리를 임명하기 위해서 우선 회의에서 추첨으로 몇 명을 선출하고, 이들이 차례로 관리들을 지명하며 선출하도록 한다. 나중에 누가 찬성했고 또 누가 반대했는지를 모르게 하기 위해서 모든 귀족들은 지명된 관리 선출에 대한 찬반 의견을 무기명 비밀투표로 표시하도록 한다. 이렇게 되면 안건 결정에 있어서 모든 귀족들의 권위는 동등할 것이고 업무는 신속히 처리될 것이다. 뿐만 아니라 무기명 비밀투표

로 인해 각자는 어떤 질투의 위험도 느끼지 않고 자신의 견해를 표명
할 수 있는 완전한 자유를 가지게 되며 이는 회의에서 특히 필요한
것이다.

28. 무기명 비밀투표

또한 법률고문 회의에서 그리고 다른 회의에서도 무기명 비밀투표
(suffragia calculis)가[14] 행해지기 위해서 똑같은 질서가 지켜져야 한
다. 그러나 법률고문 회의를[15] 소집하고 거기에서 결정할 안건을 제
출할 권리는 법률고문 회의 의장에게 속하지 않으면 안 된다. 의장은
열 명이나 그 이상의 다른 법률고문들과 함께 매일 회의를 연다. 이
는 관리에 대한 평민의 고소와 비밀 고발을 듣고, 안전이 필요할 경
우 고발인의 안전을 지키고, 늦어지면 위험할 수 있다고 판단했을 경
우 정해진 시간보다 앞당겨서라도 회의를 소집하기 위해서이다. 그
런데 여기에서 법률고문 회의 의장 그리고 그와 함께 매일 회의에 참
석할 사람은 물론 법률고문 회의 의원들 중에서 최고 회의에 의해서
선출된다. 물론 이들의 임기는 종신이 아니고 6개월이며, 임기를 연
장할 수 없고, 3년이나 4년이 지나지 않으면 그 직을 다시 맡을 수 없
다. 그런데 이들에게는 앞에서 말한 것과 마찬가지로 몰수한 재산과 벌
금 또는 그것들의 어떤 일부가 배정되어야 한다. 법률고문 회의에 관한
다른 사항들은 적절한 곳에서 말할 것이다.

---

14 (역주) suffragia calculis는 직역하면 투표 돌멩이에 의한 투표이다. calculus는
　　계산이나 투표 또는 놀이에 사용되는 돌이다. 특정한 돌멩이(돌조각)에 의한
　　비밀투표는 고대 그리스 때부터 내려오던 관습이라고 할 수 있다.

15 (역주) syndicorum concilium은 법률고문(또는 법률고문관) 회의나 호법관
　　평의회라고 할 수 있다.

29. 원로원 (1)

우리는 최고 회의의 아래에 속하는 두 번째 회의를 원로원(senatus)
이라고 부를 것이다. 원로원의 직무는 공무를 처리하는 것이다. 예컨
대 국가의 법을 공포하고, 도시방어를 법에 따라서 정리하고, 군대의
임무를 부여하며, 신민에게 세금을 부과하고, 세금의 용도를 정하며,
외국 사절에게 응답하고, 어디에 사절을 파견할 것인지를 결정하는
것이 원로원의 직무이다.[16] 그러나 사절들을 선임하는 것은 최고 회
의의 직무이다. 왜냐하면 다음의 사실이 특히 지켜져야 하기 때문이
다. 귀족들 자신이 원로원의 호의를 얻으려고 애쓰지 않게 하기 위해
서 귀족들은 오직 최고 회의에 의해서만 국가의 관리로 임명될 수 있
다. 다음으로 현재의 사태를, 즉 어떤 방식으로 변화시키는 모든 것
은 최고 회의에 제안되지 않으면 안 된다. 예를 들면 전쟁이나 평화
에 관한 결정들이다. 따라서 전쟁과 평화에 대한 원로원의 결정이 타
당하기 위해서는 그것이 최고 회의의 권위에 의해서 확인되어야 한
다. 그리고 같은 이유에서 새로운 세금을 부과하는 권리는 원로원에
속하지 않고 오직 최고 회의에만 속한다.

30. 원로원 (2)

원로원 의원들의 수를 결정하기 위해서는 다음과 같은 점들을 고려
하지 않으면 안 된다. 우선 원로원 의원의 직을 얻는 것이 모든 귀족
들에게 똑같이 큰 희망이어야 한다. 선출된 의원의 임기가 끝난 의원

---

16 (역주) 여기에서 스피노자가 언급하는 원로원은 당시 네덜란드의 국가 의회와
   베니스의 원로원을 결합시킨 형태의 것으로 추정된다.

은 긴 시간이 지나지 않아 연임할 수 있게 한다. 이렇게 해서 국가는 숙달되고 경험 많은 사람들에 의해서 항상 통치될 것이고, 원로원 의원들 중에는 지혜와 덕이 뛰어난 많은 사람들이 있도록 하여야 한다. 그러나 이 모든 조건들을 얻기 위해서는 오직 다음과 같은 사실이 고안될 수 있다. 50세가 안된 사람은 아무도 원로원 의원직에 받아들이지 않고, 1년 임기로 귀족의 12분의 1인 400명을 선출하며, 임기가 끝나고 2년이 지나면 동일한 사람이 재임될 수 있도록 법으로 정해야 할 것이다. 왜냐하면 이런 식으로 해서 귀족의 12분의 1은 단지 짧은 2년의 휴식 기간을 두고 원로원 의원직을 항상 넘겨받을 수 있기 때문이다.

물론 원로원 의원과 법률고문 회의 의원의 수는 50세에 달한 귀족들의 수보다 훨씬 많지는 않을 것이다. 따라서 모든 귀족들은 항상 원로원 의원직이나 법률고문 회의 의원직을 얻을 큰 희망을 가질 것이다. 그리고 방금 말한 것처럼 바로 동일한 귀족들이 단지 짧은 휴식 기간이 지난 후 원로원 의원직을 얻으며 이 장의 2절에서 우리가 말한 것에 의해서 원로원에는 영리하고 재주가 충분한 가장 뛰어난 사람들이 결코 모자라지 않게 된다. 그리고 이러한 법은 다수 귀족들의 커다란 반감 없이는 폐기될 수 없기 때문에 그것을 항상 타당하게 하기 위해서는 오직 다음과 같은 사항만을 조심하는 것이 필요하다. 우리가 말한 50세에 달한 모든 귀족들은 그 사실에 대한 증명서를 법률고문 회의에 제시한다. 법률고문 회의는 그의 이름을 원로원 의원 후보자 명부에 등록하고 그것을 최고 회의에서 발표한다. 그렇게 해서 그는 원로원 의원들의 좌석 옆에 최고 회의에서 그와 같은 사람들을 위해서 배정한 좌석을 자신과 동등한 지위를 가진 다른 사람들과 함께 차지한다.

31. 원로원 (3)

원로원 의원들의 소득(emolumentum)은 그들의 이익이 전쟁 시보다 평화 시에 더 많도록 하여야 한다.[17] 따라서 국가로부터 다른 지역들로 운반되거나 다른 지역들로부터 국가로 운반되는 상품들의 가격에서 100분의 1이나 50분의 1을 그들에게 배정하여야 한다. 왜냐하면 이렇게 할 때 그들은 가능한 한 평화를 옹호하고 결코 전쟁을 연장하고자 하지 않을 것이 확실하기 때문이다. 만일 원로원 의원들 중 어떤 사람이 상인이라면 그는 세금 부과에서 면제되어서는 안 된다. 왜냐하면 그와 같은 세금 면제는 무역의 큰 손실이 있을 때만 성립될 수 있기 때문이다.

더 나아가서 다음과 같은 사실은 법으로 정해져야 한다. 원로원 의원이나 원로원 의원의 직무를 맡았던 사람은 어떤 군대의 직책도 가질 수 없다. 그리고 이 장의 9절에서 말한 것처럼 오직 전쟁 시에만 설치되는 사령관이나 부대장(dux vel praetor)에는 그들의 아버지나 할아버지가 원로원 의원이거나 지난 2년 안에 원로원 의원이었던 사람을 결코 임명해서는 안 된다. 원로원과 관계없는 귀족이라면 힘껏 이러한 법을 옹호하리라는 것은 의심할 수 없다. 그리하여 원로원 의원들은 항상 전쟁 때 보다는 평화로울 때 더 많은 소득을 얻을 것이고 따라서 그들은 국가가 절박한 필요에 의해서 억압하지 않는다면 결코 전쟁을 옹호하지 않을 것이다.

사람들은 우리가 말한 것에 대해서 다음처럼 반대할 수 있다. 법률

---

17 (역주) 스피노자 당시 네덜란드 국가 회의의 의원들에게는 군대 상점에 관여하는 것이 금지되었다. 왜냐하면 의원들은 전쟁에서 이득을 취해서는 안 되기 때문이었다.

고문과 원로원 의원에게 그렇게 많은 보수를 준다면, 귀족국가는 어떤 군주국가보다도 신민들에게 많은 부담을 주리라는 것이다. 그러나 평화를 위해서 전혀 도움이 되지 않는 왕실은 더 많은 비용을 요구할 것이고, 평화란 아무리 비싼 대가를 치러도 획득할 수 없는 것이다. 이 이외에도 군주국가에서는 한 사람이나 소수의 사람들에게만 주어지는 모든 것이[18] 귀족국가에서는 수많은 사람들에게 주어진다는 점을 첨가할 수 있다. 다음으로 왕과 그의 관리들은 신민들과 함께 국가의 세금을 부담하지 않지만 귀족국가에서는 그와 반대라는 것이 덧붙여진다. 왜냐하면 항상 부유층에서 선출되는 귀족들이 국가비용의 대부분을 지불하고 있기 때문이다. 마지막으로 군주국가의 세금(onus)은 왕실 비용보나 왕의 비밀(arcanum) 계획 실행으로부터 발생한다. 왜냐하면 평화와 자유의 유지 때문에 신민에게 부과되는 국가의 세금은 비록 그것이 많다고 할지라도 평화의 이익을 위해서 감내할 수 있게 되기 때문이다.

일찍이 어떤 민족이 네덜란드인들만큼 그토록 막대한 세금을 내지 않으면 안 되었던가? 그러나 이 때문에 네덜란드인들은 고갈되지도 않았으며, 이 때문에 오히려 더 부강해졌고, 모든 사람들이 네덜란드인들의 행운을 질투하게 되었다. 따라서 만일 군주국가의 세금이 평화를 지키기 위해서 부과된다면 시민들은 억압받지 않는다. 그러나 앞에서 말한 것처럼 군주국가에서는 비밀 계획 실행때문에 신민이 세금을 짊어져야 하는 일이 생긴다. 말하자면 왕들의 용기(virtus)는[19] 평화 시보다는 전쟁 시에 더 가치가 있고, 또한 홀로 통치하고자 하는 자들은 신민을 가난한 상태로 유지하기 위해서 자신들의 최선을

---

18 (역주) 모든 것은 금전적 보수 내지 보상을 말한다.
19 (역주) virtus는 남성다움, 용기, 덕, 기적의 힘 등 여러 가지 의미를 가진다.

다하지 않으면 안 되기 때문이다. 가장 현명한 네덜란드인 반 호프 (Van Hove)가 일찍이 주목했던 그 밖의 다른 점들에 대해서 나는 말하지 않겠다. 왜냐하면 오로지 각 국가의 최선의 상태에 대해서 기술하는 것은 나의 의도와 관계가 없기 때문이다.

32. 원로원 (4)

원로원에는 최고 회의에서 선출된 몇 명의 법률고문들이 출석해야만 한다. 그러나 투표권 없이 참석하여야 한다. 말하자면 원로원과 관련된 법이 옳게 지켜지는지를 감독하기 위해서, 그리고 원로원으로부터 최고 회의에 어떤 것이 제안될 때 최고 회의를 소집하기 위해서 참석하여야 한다. 왜냐하면 이미 말한 것처럼 이 최고 회의를 소집하고, 최고 회의에서 결정할 안전을 제출할 권리가 법률고문 회의에 있기 때문이다. 그러나 이와 같은 문제에 대한 투표가 행해지기에 앞서서 원로원 의장은 사태와 제안된 것에 대한 원로원의 견해와 그 근거를 설명하여야 한다. 그 후에 투표는 통상적인 순서로 행해져야 할 것이다.

33. 원로원 (5)

원로원 의원 전체가 매일 모일 필요는 없고, 모든 큰 회의처럼 일정한 시기에 모이면 된다. 그러나 휴회 중에도 국무는 수행되어야 하기 때문에 원로원 의원들 중에서 몇 명을 선출해서 원로원의 폐회 기간 동안 서로 보충하도록 한다. 그들의 직무는 필요할 경우 원로원을 소집하고, 국가의 결정을 수행하며, 원로원과 최고 회의로 온 서신들을 읽고, 마지막으로 원로원에 제출된 사안들을 협의하는 것이다. 그러나 이 모든 것과 원로원의 전체적인 조직을 더욱더 쉽게 파악할 수 있도록 나는 전체 사항을 한층 더 정확하게 기술하고자 한다.

34. 보조 원로원과 그 대리인들, 집정관들 (1)

이미 말한 것처럼 원로원 의원들은 1년 임기로 선출되며, 네 개나 여섯 개의 부서로 나누어지게 한다. 그 중에서 첫 번째 부서는 처음 3개월이나 2개월에 걸쳐서 원로원을 관장하여야 한다. 그 기간이 경과하면 두 번째 부서가 첫 번째 부서의 자리를 차지한다. 이처럼 순서에 따라서 교대하여 각 부서는 일징한 기간 동안에만 원로원의 상석을 차지한다.[20] 그래서 처음 몇 달 간 상석을 차지했던 부서는 다음 몇 달 간은 가장 말석에 앉게 한다. 게다가 각 부서들은 의장과 부의장을 선출하고, 필요할 경우 부의장은 의장을 대신한다. 그리고 첫 번째 부서의 의장이 처음 몇 달 간은 원로원 의장이 되고, 만일 의장이 부재 시에는 부의장이 대신한다. 그리고 이와 마찬가지로 다른 부서의 의장들도 앞에서 말한 순서에 따라서 원로원 의장이 된다.

　다음으로 첫 번째 부서에서 몇 명을 추첨이나 투표로 선출하여 의장 및 부의장과 함께 각 부서의 회기가 끝난 후 원로원 일을 보게 한다. 그것은 그들의 부서가 원로원의 상석을 차지하고 있는 기간에 한한다. 기간이 경과하면 두 번째 부서에서 다시 똑같은 수의 사람이 추첨이나 투표에 의해 선출되고 이들이 자신의 부서의 의장 및 부의장과 함께 첫 번째 부서와 교대하여 원로원의 일을 돌본다. 이렇게 계속

---

20 (역주) 원로원을 관장하는 자리에 앉는다는 의미이다.

나머지 부서들도 돌아간다. 추첨이나 투표(sors vel suffragio)로 각각 3개월이나 2개월의 임기로 선출되어야 한다고 내가 말한 사람들, 곧 앞으로는 우리가 집정관(consul)이라고 부를 사람들을 최고 회의에서 선출할 필요는 없다. 왜냐하면 우리가 이 장의 29절에서 제시한 이유가 여기에는 해당되지 않기 때문이다. 그리고 이 장의 17절의 이유는 훨씬 더 해당되지 않는다. 따라서 집정관들은 원로원에 참석하는 원로원 의원들과 법률고문들에 의해서 선출되는 것으로 충분하다.

35. 보조 원로원과 그 대리인들, 집정관들 (2)

그러나 나는 집정관들의 수를 정확하게 결정할 수 없다. 그렇지만 쉽게 매수당하지 않을 만큼 그 수가 많지 않으면 안 된다는 것은 확실하다. 왜냐하면 그들이 국사를 단독으로는 아무것도 결정하지 못할지라도 원로원 회의를 지연시키거나, 가장 나쁜 것으로는 전혀 중요하지(처) 않은 안건을 제안하고 보다 더 중요한 안건을 미루어 원로원을 조롱할 수 있기 때문이다. 게다가 그들의 수가 너무 적으면 한두 사람만 결석해도 공무가 마비될 수 있다는 것은 말할 필요가 없다. 이 집정관 제도는 대회의가 매일 정무를 돌볼 수 없기 때문에 만들어진 것이므로 여기에서 필히 대책이 강구되어야만 한다. 수적으로 적은 결함은 짧은 시간에 보충될 수 있다. 따라서 만일 30명이나 대강 그 정도의 사람을 두 달이나 세 달의 임기로 선출한다면, 그들의 수는 많아서 그렇게 짧은 기간에 매수당할 수 없을 것이다.[21] 그리고 나는 또한 이러한 이유에서 집정관을 승계하는 사람들은 집정관

---

21 (역주) 베니스공화국의 협의회(collegio)의 의원은 26명이었고 이들 중 일부의 임기는 1년이었다. 총독은 종신직으로 협의회 의장의 직무를 수행하였다.

직을 이어받고 현재의 집정관들이 퇴임하기 전까지는 어떤 식으로도 서출되어서는 안 된다고 제안했던 것이다.

36. 보조 원로원과 그 대리인들, 집정관들 (3)

우리는 다음처럼 말하였다. 집정관의 직무는, 비록 수가 적더라도 그들 중 일부가 필요하다고 판단할 때 원로원을 소집하고, 원로원에서 결정할 안건들을 제출하며, 원로원을 폐회하고, 공무에 대한 원로원의 결정을 실행하는 일이다. 그러나 사안들이 무익한 토론으로 지체되지 않기 위해서는 이러한 것이 어떤 질서를 가지고 행해져야 하는지를 짧막하게 말하겠다. 말하자면 집정관들은 원로원에 제출할 사안에 대해서 그리고 무엇을 해야 할지를 살펴야 한다. 그리고 그것에 대해서 전체의 견해가 일치하면 원로원을 소집해서 그 문제를 충분히 설명하고 나서 자신의 의견을 표명하고 타인의 견해를 기다리지 않고 순서에 따라서 투표한다. 그러나 만일 집정관들이 하나의 견해가 아니라 여러 견해로 갈라진다면 원로원에서는 제출된 문제에 대해서 더 많은 수의 집정관들이 옹호하는 견해가 우선 진술되어야 할 것이다. 그리고 만일 어떤 견해가 원로원과 집정관들의 과반수의 찬성을 얻지 못했으나 태도를 유보하고 반대하는 사람의 수가 동시에 더 많다면 집정관들 사이에서 두 번째로 많은 표를 얻은 견해를 표명하고 이것을 비밀투표로 표결하지 않으면 안 된다. 그리고 계속해서 다른 것들도 이렇게 진행된다. 만일 어떤 견해도 원로원 의원 전체의 과반수의 찬성을 얻지 못한다면, 원로원은 다음 날이나 단 며칠 동안 휴회하며, 집정관들은 그동안 다수의 찬성을 얻을 수 있는 다른 방책을 찾을 수 있을지에 대해서 논의한다. 만일 집정관들이 아무런 방책도 발견하지 못했거나 발견했다고 할지라도 원로원의 과반수가 찬성하지 않는다면 원로원 의원 각자의 견해를 청취하지 않으면 안 된다. 만일 견해들 중 또한 원로원의 과반수가 찬성하지 않는다면 각각의 견해를 재투표에 부친다. 그리고 찬성한 사람의 표수와 보류한 사람이나 반대한 사람의 표수 역시 지금까지 했던 것처럼 계산해서 찬성한 사람의 표가 보류하거나 반대한 사람의 표보다 많은 것으로 판단되면 그 견해를 취한다. 그리고 이와는 반대로 유보하는 사람이나 찬성하는 사람의 표보다 반대하는 사람의 표가 많으면 그러한 견해는 부결된다. 그러나 만일 모든 의견에 대해서 태도를 유보하는 사람의 수가 반대하는 사람의 수보다 많으면 법률고문 회의 (syndicorum concilium)는 원로원과 함께 투표한다. 이 때에는 오직 찬성하거나 반대하는 사람들만의 표를 계산하고 마음의 태도를 유보하는 사람들의 표는 제외한다. 원로원에서 최고 회의(supremum concilium)에 제출되는 사안들에 관해서도 똑같은 순서가 지켜져야 한다. 이상이 원로원에 대한 것이다.

37. 재판에 대한 협회 (1)

법원이나 재판소(forum sive tribunal)는 6장 26절과 그 이하에서 기술한 것과 마찬가지로 군주국가의 아래에 있는 것과 똑같은 기초 위에 세워질 수 없다. 왜냐하면 (이 장의 14절에 의해서) 가족이나 씨족을 어떤 식으로든 고려하는 것은 귀족국가의 기초와 일치하지 않기 때문이다. 다음으로 재판관들은 오직 귀족들 중에서 선출되기 때문에 후임자가 될 귀족이 두려워서 다른 귀족에게 부당한 판결을 선고할 수 없겠지만, 아마도 그 귀족이 당연히 받아야 할 처벌을 대담하게 내리지도 못할 것이다. 그러나 재판관들은 이와는 반대로 평민들에게는 평민들이 가진 모든 것을 탐내며 부유한 사람들을 매일 먹이감으로 삼을지도 모른다. 나는 이러한 이유 때문에 재판관들(iudices)을 귀족들 중에서가 아니라 외국인들 중에서 선출한 제노아의 결정(Genuensium consilium)을 많은 사람들이 동의한 사실을 알고 있다. 그러나 이 사태를 이론적으로 생각해 보면 귀족들이 아니라 외국인들을 법의 해석자로 요청하는 것은 부당한 제도이다. 재판관들은 오직 법의 해석자들이 아닌가? 따라서 내가 확신하기에 제노아인들은 또한 이 일에서도 귀족국가의 본성이 아니라 자기 민족의 기질을 더 고려한 것이다. 따라서 사태를 이론적으로 고찰하는 우리는 귀족국가의 정치 형식과 가장 잘 일치하는 수단들(media)을[22] 생각해 내어야만 한다.

38. 재판에 대한 협회 (2)

귀족국가의 상태는 재판관들의 수에 관해서 특별한 비율을 요구하지 않는다. 그러나 군주국가에서와 마찬가지로 귀족국가에서도 특히 재판관들이 개인에게 매수당할 수 없을 정도로 그 수가 많은 것이 지켜지지 않으면 안 된다. 왜냐하면 그들의 직무는 어떤 사람도 타인에게 불법을 행하지 않도록 배려하는 것이기 때문이다. 따라서 그들은 개인들이나 귀족들이나 평민들 사이에서 생긴 문제들을 해결하여야 한다. 또 그들은 귀족과 법률고문과 원로원 의원들이 모든 사람들이 지켜야 하는 법을 위반했다면 그들도 처벌하여야 한다. 그러나 통치하

---

22 (역주) medium은 중간, 대중, 공동의 안녕, 수단, 방책 등을 의미한다.

고 있는 도시들 사이에서 생기는 문제들은 최고 회의에서 해결되어
야 한다.

39. 재판에 대한 협회 (3)

재판관의 임기에 대한 사정은 어떤 국가에서나 동일하며 또한 매년
재판관들 중 일부가 퇴임하는 것도 마찬가지이다. 그리고 마지막으
로 비록 재판관들은 각자 서로 다른 씨족에서 선출될 필요는 없다고
할지라도 친척 관계의 두 사람이 동시에 재판관석을 차지하지 못하
게 하는 것이 필요하다. 이것은 다른 회의에서도 지켜져야 한다. 최
고 회의에서는 예외이다. 최고 회의에서는 선거에서 다음과 같은 식
으로 법으로 금지되는 것으로 충분하다. 아무도 친족을 추천해서는
안 되고, 친족이 다른 사람에 의해서 추천되었을 때는 그 친족을 투
표해서는 안 된다. 또 국가의 관리에 임명되기 위해서 친족관계의 두
사람은 항아리에서(ex urne)[23] 제비뽑기해서는 안 된다.

　많은 수의 사람들로 구성되고 아무런 특별한 소득도 책정되지 않
는 회의에 대해서는 이것으로 충분하다. 따라서 이로부터 국가에는
아무런 피해도 생기지 않을 것이므로 이 장의 14절에서 말한 것과 마
찬가지로 모든 귀족들의 친족을 최고 회의에서 배제되는 것을 법으
로 정하는 것은 명백하게 부당할 것이다. 왜냐하면 그와 같은 법은
귀족들이 자기들의 모든 권리를 포기하지 않는 한에 있어서는 귀족
들에 의해서 제정될 수 없기 때문이다. 따라서 그렇게 된다면 그러한

---

23 (역주) urna는 항아리, 단지의 의미를 가진다. 항아리 안에 이름을 적은 쪽지를
　　넣고 추첨해서 필요한 인물을 뽑을 때에도 사용하였다. 친족관계의 두 사람 중에서
　　한 사람의 명단만 항아리에 넣어서 추첨하여야 한다.

법률의 옹호자는 귀족들이 아니고 오히려 평민일 것이다. 이것은 우리가 이 장의 5절과 6절에서 밝힌 귀족국가의 본성에 직접 반대된다. 그러나 귀족과 평민의 수 사이에 하나의 동일한 비율을 지켜야 할 것을 정한 국가의 법은 귀족들의 권리와 힘이 보존되고, 귀족들이 대중을 통치할 수 있을 만큼 그 수가 적지 않아야 함을 가장 크게 고려한다.

40. 재판에 대한 협회 (4)

그 이외에도 재판관들은 최고 회의에서 귀족들 중에서, 곧 (이 장의 17절에 따라서) 입법자들 중에서 선출되어야 한다. 그리고 그들이 민사 사건과 형사 사건에 대해서 선고한 판결은 절차에 따라서 공정하게 내려졌을 경우에만 유효하며, 법률고문 회의는 이 사안을 조사하여 판단하며 결정할 권위를 법적으로 소유한다.

41. 재판에 대한 협회 (5)

재판관들의 소득은 우리가 6장 29절에서 말한 것과 동일해야 한다. 곧 그들은 민사 사건에 대한 각각의 판결에서 패소자 측으로부터 총액의 일정 부분을 받는다. 그러나 형사 사건에서는 그들이 몰수한 재산과 경범죄에 부과한 벌금을 오직 그들에게 배정하는 것에만 차이가 있다. 그렇지만 이것은 결코 어느 누구도 고문으로 자백하도록 강요해서는 안 된다는 조건이 있어야 한다. 이렇게 해서 재판관들이 평민들에게 공평하게 대하지 않고, 귀족들에게는 두려움 때문에 호의를 베푸는 일이 생기지 않도록 해야 한다. 왜냐하면 이와 같은 두려움은 특히 정의라는 특별한 명칭 아래 은폐되어 있는 탐욕에 의해서 완화될 수 있기 때문이다. 이에 덧붙여서 재판관들의 수가 많으며 투표를 공개적으로 하지 않고 비밀투표를 행하므로 누군가가 패소할 경우 분개한다고 할지라도 그는 어떤 사람도 비난할 수 없다. 나아가서 법률고문 회의에 대한 존경은 재판관들 중 누군가가 공정하지 못하거나 적어도 부당한 판단을 선고하거나 불성실하게 행동하는 것을 막을 것이다. 그 이외에도 그렇게 많은 수의 재판관들 중에는 공정하지 못한 재판관에게 두려움의 대상이 되는 한두 사람의 재판관이 항상 있을 것이다.

마지막으로 평민들에 관해서는 이미 말한 것처럼 만일 그들이, 법적으로 권위를 가지고 재판상의 사안을 조사하고 판단하며 선고하는 법률고문 회의에 고소할 수 있다면 그들 역시 충분히 보호받을 수 있을 것이다. 왜냐하면 법률고문들은 수많은 귀족들의 미움을 피할 수 없지만, 이와 반대로 평민들로부터는 항상 사랑을 받으며, 그들이 할 수 있는 한 평민들의 갈채를 받기 위해서 애쓸 것이 확실하기 때문이다. 이러한 목적을 위해서 법률고문 회의는 주어진 기회에 법정의 법에 어긋나게 내려진 판결을 파기하고 특정 재판관을 조사하며 공정하지 못하게 판결한 재판관을 처벌할 것이다. 왜냐하면 이보다 더 대중의 마음을 움직일 수 있는 것은 아무것도 없기 때문이다. 그러한 사례들이 드물게 일어날 수 있는 것은 불리한 점이 아니라 오히려 반대로 가장 유리한 점이다. 왜냐하면 매일 범죄자의 사례가 생기는 국가는 (5장의 2절에서 밝힌 것처럼) 조직이 잘못되어 있다는 것 이외에도 그토록 악명이 높아지는 것은 실제로 피하지 않으면 안 되기 때문이다.

42. 도시와 지방의 전집정관(前執政官), 도시 인근의 권리

도시나 지방에 총독(proconsul)으로 파견될 사람들은 원로원 의원들 중에서 선임되어야 한다. 왜냐하면 도시의 방어, 재정, 군대 등을 관리하는 것은 원로원 의원의 직무이기 때문이다. 그러나 아주 멀리 떨어진 지방으로 파견되는 사람은 자주 원로원 회의에 참석할 수 없기 때문에 자국의 가까운 도시로 파견되는 사람만 원로원 의원 중에서 임명한다. 그러나 매우 멀리 떨어진 곳으로 파견하려고 하는 사람은 원로원 의원이 될 만한 나이에 이른 사람들 중에서 선임한다.

인근한 도시들의 투표가 법적으로 완전히 금지된다면 전체 국가의 평화는 충분히 보장되지 못할 것이다. 따라서 도시들 모두가 공공연히 무시당할 수 있을 정도로 무력하다면 문제가 되지 않겠지만 그런 경우는 확실히 있을 수 없다. 따라서 인근 도시들에는 시민권을 부여하고, 각 도시에서 20명이나 30명 또는 40명의 시민을 선출하여 (왜냐하면 이 숫자는 도시의 크기에 따라서 많거나 적어야 하므로) 귀족의 수에 편입시키며, 이들 중에서 3명이나 4명 또는 5명을 해마다 선출해서 원로원 의원으로 선임하고, 한 명은 종신직 법률고문으로 선출할 필요가 있다. 그리고 원로원 의원인 이 사람들은 총독으로서 한 사람의 법률고문과 함께 자기들을 선출한 도시로 파견된다.

43. 도시의 재판관들

그리고 각 도시에 임명되어야 하는 재판관들은 그 도시의 귀족들에 의해서 선출되어야 한다. 그러나 이것은 귀족국가의 고유한 기초에 속하지 않기 때문에 더 상세하게 다룰 필요가 없다.

44. 민중이 선출하는 국가의 관리들, 독립되어 있는 사람들

각각의 회의에서 비서관들 그리고 그들과 같은 다른 관리들은 투표권이 없기 때문에 민중들에 의해서(ex plebe) 선출되어야 한다. 그러나 이들은 오랜 기간 업무를 돌봄으로써 그 업무에 대해 가장 잘 알기 때문에 자주 사람들은 적당한 선 이상으로 그들의 조언을 신뢰하며, 국가의 전체 상태가 그들의 지도에 가장 많이 의존하게 된다. 이 것이 네덜란드인들의 몰락의 원인이었다. 왜냐하면 그와 같은 일은 다수 귀족의 커다란 반감 없이는 발생하지 않기 때문이다. 더욱이 원로원의 지혜는 원로원 의원이 아니라 관리의 조언에서 나오기 때문에 원로원은 무기력한 자들만 가장 많이 들락거린다. 그래서 이러한 귀족국가의 상태는 소수의 왕의 고문관들이 지배하는 군주국가보다 더 나을 것이 없을 것이다(이에 대해서는 6장의 5, 6, 7절을 보라).

그러나 실제로 국가는 기초를 제대로 잡았는지 아니면 잘못 잡았는지에 따라서 이와 같은 해악의 영향을 보다 적게 또는 보다 많이 받을 것이다. 왜냐하면 확실하게 견고한 기초를 가지지 못한 국가의 자유는 위험을 감내하지 않고서는 결코 지켜질 수 없기 때문이다. 이러한 위험에 부딪치지 않기 위해서 귀족들은 평민들 중에서 야심 있는 사람들을 관리로 선임하는데, 이들은 나중에 자유를 경멸하는 자들의 분노를 진정시키기 위해서 마치 제수용 동물처럼 학살당한다.[24] 그러나 자유의 기초(libertatis fundamenta)가 매우 견고한 곳에서는 귀족들이 자유를 지키는 영예를 가지기 위해서 애쓰며, 공무 수행에

---

[24] (역주) 스피노자는 귀족들(총독이나 왕자)에 의해서 살해당한 친구들(Simon de Vries, Pieter Balling)과 처형당한 선배와 스승(Koerbagh, de Witt, Van den Enden)등을 바람직하지 못한 귀족 정치의 희생으로 보고 있다.

대한 지혜가 오직 자기들의 자문에서만 생기기를 바란다.

우리는 귀족국가의 기초를 기획하는 데에 특히 다음과 같은 두 가지를 주의하였다. 말하자면 평민들(plebs)을 회의는 물론 투표에서 제외시킨다(이 장의 3절과 4절을 보라). 따라서 국가의 최고 권력 (suprema imperii potestas)은 모든 귀족들에게 속하게 하며, 그러나 권위는 법률고문 회의와 원로원(syndicos et senatum)에 속하게 하고, 마지막으로 원로원을 소집하고 공공의 복지에 대한 사안들을 제출하는 권리는 원로원 자체에서 선임된 집정관들(consules)에게 속하게 한다. 그 이외에도 만일 원로원이나 다른 회의들의 서기관을 최대한 4년이나 5년의 임기로 선임하고, 서기관과 동일한 임기를 가진 부서 기관을 임명해서 그동안 업무의 일부를 수행하게 하거나 원로원에는 한 사람이 아니라 여러 명의 서기관을 두어 일부는 여기에서 또 일부는 다른 곳에서 업무를 담당하게 한다면 어떤 관리들의 힘이 커지는 일은 결코 발생하지 않을 것이다.

45. 재무관

재무관들(aerarii tribuni) 또한 평민 중에서 선출되어야 한다. 재무관들은 원로원에는 물론 법률고문 회의에도 보고서를[25] 제출해야만 한다.

46. 종교를 믿고 말할 수 있는 자유

종교에 관해서는 「신학–정치론」에서[26] 아주 상세히 밝혔다. 그렇지

---

25 (역주) 여기에서의 보고서는 국가의 재정에 관한 보고서이다

26 (역주) 「신학–정치론」은 모두 20장으로 되어 있으며 1~15장은 신학론으로서

만 우리는 거기에서 다루기 적절치 않았던 것, 즉 귀족들은 「신학-정치론」에서 기술한 가장 단순하며 보편적인 종교를 믿지 않으면 안 된다는 것을 생략하였다. 왜냐하면 무엇보다도 먼저 귀족들이 종파들로 분열되지 않도록 그리고 일부는 이편을 또 일부는 다른 편을 애호하지 않도록 미리 막아야 했기 때문에 귀족들은 그러한 종교를 믿지 않으면 안 되었던 것이다. 그리고 귀족들이 미신에 빠져서, 신민들로부터 그들이 느낀 것을 말할 수 있는 자유를 빼앗으려는 것을 막기 위해서도 귀족들은 그러한 종교를 믿지 않으면 안 되었다. 다음으로 비록 각자에게 자신이 느낀 것을 말할 수 있는 자유가 주어진다고 할지라도 큰 규모의 집회(magni conventus)는 금지되어야만 한다. 따라서 다른 종교를 믿는 사람들에게는 그들이 원하는 수만큼의 성전들(templa)이 건립되어야 한다. 그러나 그것들은 작고, 어떤 일정한 규모를 가지며 서로 일정한 거리를 두고 건립되어야 한다. 그러나 국교를 위해 봉헌되는 성전은 크고 훌륭하여야 하며, 그리고 특히 종교의식(宗敎儀式)은 오직 귀족들이나 원로원 의원들에게만 허용되어야 한다. 따라서 성전에서는 오직 귀족들만 세례 받고 혼인을 주재하며 안수를 행할 수 있으며, 그들은 성전의 사제로 그리고 국교의 옹호자와 해석자로 인정받아야 한다. 그러나 설교를 위해서 그리고 교회의 재정과 일상 업무를 관리하기 위해서는 원로원의 대리인이 될 수 있도록 평민들 중에서 몇 사람을 원로원에서 선임하여야 한다. 따라서 이들은 자기들이 처리한 모든 것을 원로원에 보고하여야만 한다.

종교를 그리고 16~20장은 정치론으로서 정치를 다루고 있다.

47. 귀족의 외모와 상태

이러한 것들이 귀족국가의 기초에 관한 것들이다. 여기에다가 나는 그다지 중요하지는 않지만 매우 큰 의미를 가지고 있는 몇 가지 다른 것들을 덧붙이고자 한다. 즉, 귀족들은 다른 사람들과 구별될 수 있도록 특별한 복장이나 예복을 입어야 한다. 그리고 그들은 특별한 칭호로 인사를 받아야 한다. 그리고 평민들은 귀족들에게 자리를 양보하여야 하며, 만일 어떤 귀족이 피할 수 없는 불행으로 인해서 자신의 재산을 잃어 버렸고 이 사실이 명백하게 증명될 수 있으면 국고에서 전액을 보충해 주어야 한다. 그러나 만일 이와는 반대로 그가 낭비, 사치, 오락, 쾌락 등에 의해서 재산을 낭비했거나 또는 자신이 지불할 수 있는 이상으로 많은 빚을 진 것으로 확인된 귀족은 귀족의 지위를 박탈당해야 하고 모든 명예와 공직에 자격이 없는 것으로 여겨져야 한다. 왜냐하면 자기 자신의 개인적인 일을 처리할 수 없는 사람은 더군다나 공적 업무를 관리할 수 없기 때문이다.

48. 권리의 선서

법이 선서를 요구하는 사람은 신을 통해서 선서할 경우보다 조국의 안녕과 자유를 선서해야 하고 최고 회의를 통해서 선서하지 않으면 안 될 경우 한층 더 위증을 피할 수 있을 것이다. 왜냐하면 신을 통해서 선서하는 사람은 자신이 판단하는 개인적 이익을 이끌어 들이기 때문이다. 그러나 선서에서 조국의 자유와 안녕을 이끌어 들이는 사람은 자신이 판단하는 선이 아니라 모든 사람의 공통의 선을 걸고 선서한다. 그리고 만일 그가 위증한다면 그는 자기 자신을 조국의 적으로 선언하는 것이다.

49. 자유를 가르치는 학교

공공의 비용으로 설립되는 대학들(academiae)은 정신적 재능 (ingenia)을 함양하기보다는 정신적 재능을 억제하기 위해서 건립된다. 그러나 자유 국가에서는 만일 교육을 원하는 모든 사람들 각자에게 공적으로 가르치는 일이 허용된다면, 그리고 비용은 자비이고 각자가 평판의 위험을 짊어진다면 학문과 예술은 가장 발전할 것이다. 그러나 나는 이것들 그리고 이와 유사한 것들은 다른 곳에서 말하기 위해서 유보한다. 왜냐하면 여기에서는 오직 귀족정에 속하는 것만을 다루기로 의도했기 때문이다.

9

귀족정의 두 번째 모델

1. 많은 도시들이 보유하는 귀족주의 정부

지금까지 국가의 수도로부터 국가의 명칭을 갖는 귀족국가를 살펴보았다. 여러 도시들로 구성되는 귀족국가에 대해 다룰 시간이다. 나는 귀족국가가 앞의 귀족국가보다 더 바람직하다고 생각한다.[1] 양자의 차이와 장점을 알아보기 위해서 먼저 귀족국가의 기초들을 하나씩 철저히 살필 것이고, 그다음 귀족국가에 적절치 않은 것은 빼고 그 자리에 국가가 의존하지 않으면 안 되는 다른 기초들을 대치할 것이다.

2. 통일된 도시들

따라서 시민권을 향유하는 도시들은 다음처럼 건립되고 방어되지 않으면 안 된다. 각 도시는 다른 도시들 없이는 홀로 존립할 수 없게 하

---

1 (역주) 하나의 도시로 구성되는 귀족국가는 스피노자 당시 네덜란드의 지방 도시의 귀족 정부를 가리킨다.

여야 하며 이와 반대로 각 도시는 국가 전체에 커다란 손실을 입히지 않고서는 이탈할 수 없게 하여야 한다. 왜냐하면 이렇게 하여야 도시들은 항상 통일되어 남아있을 것이기 때문이다. 그러나 자신을 유지할 수도 없고 다른 도시들을 위협할 수도 없도록 구성되어 있는 도시들은 독립적이지 못하고 다른 도시들에게 완전히 예속되어 있다.

3. 귀족정의 근거

그러나 우리가 앞 장의 9절과 10절에서 제시한 것들은 일반적인 귀족국가의 본성에서 도출된다. 귀족과 평민의 수의 비율 그리고 귀족으로 선출될 사람들의 나이와 조건이 어떠하여야만 하는지도 이 일반 귀족국가와 마찬가지이다. 통치권이 한 도시에 속하든지 또는 여러 도시들에 속하든지 간에 이 문제에 대해서는 어떤 차이도 생길 수 없다. 그러나 여기에서 최고 회의의 관계는 달라야만 한다. 왜냐하면 국가의 어떤 도시가 이 최고 회의의 개최 도시로 결정되면 그 도시는 실제로 국가의 수도일 것이기 때문이다. 따라서 각 도시들이 서로 교대로 회의를 개최하든지, 그렇지 않으면 시민권이 없으며 모든 도시들에 동등하게 속해 있는 장소에서 회의를 개최하여야 할 것이다. 그러나 이것이나 저것이나 말은 쉽지만 실행은 어렵다. 왜냐하면 수천 명이 넘는 많은 사람들이 자주 도시를 떠나야 하고 이번에는 이곳에 또 다음에는 다른 곳에 모이지 않으면 안 되기 때문이다.

4. 원로원과 공공 생활에 의한 도시의 공동 결속

그러나 이러한 문제에 있어서 무엇을 하여야만 할지 그리고 이러한

귀족국가의 회의를 어떤 식으로 구성하여야 할지를 국가의 본성과
조건으로부터 올바로 이끌어내기 위해서는 다음과 같은 점들을 고찰
하여야 한다. 곧 각 도시는 개인보다 더 힘이 있는 것처럼 도시들은
개인보다 더 많은 권리를 가져야 한다(2장의 4절에 의해서). 따라서
이 국가의 각 도시는 (이 장의 2절을 보라) 자신의 성 안과 사법관할
권 내에서 가능한 권리를 가진다. 다음으로 모든 도시들은 동맹도시
로서가 아니라 하나의 국가의 구성요소로서 서로 결합되어 있고 통
일되어 있다. 그러나 각 도시는 다른 도시보다 더 힘이 있을수록 국
가에서 다른 도시보다 더 많은 권리를 소유한다. 왜냐하면 불평등속
에서 평등을 찾는 사람은 부당한 것을 찾고 있을 것이기 때문이다.

  물론 시민들은 마땅히 평등하게 평가되어야 한다. 왜냐하면 가자
의 힘은 전체 국가의 힘과 비교해서 아무것도 아닌 것으로 여겨지기
때문이다. 그러나 각 도시의 힘은 국가의 힘 자체의 큰 부분을 형성
하며, 도시가 클수록 국가의 힘의 더 큰 부분을 형성한다. 따라서 모
든 도시들은 다 평등하게 여겨질 수 없다. 각 도시의 힘과[2] 마찬가지
로 각 도시의 권리 역시 자체의 크기에 따라서 평가되지 않으면 안
된다. 그러나 하나의 국가를 구성하기 위해서 도시들을 결속시키지
않으면 안 되는 유대는 무엇보다도 우선 (4장의 1절에 의해서) 원로
원과 법정(senatus et forum)의 유대이다. 그러나 어떻게 모든 도시들
이 이러한 유대에 결속하면서도 가능한 한 자체의 독립을 유지할 수
있는지를 여기에서 간략하게 제시하겠다.

---

2 (역주) potentia(힘)는 자연적 능력의 힘이고 potestas(권력)는 정치, 사회적
   능력이다. 스피노자는 potentia가 크면 potestas도 크다고 말하지만 그러한
   상관관계가 항상 일관된 것은 아니다.

5. 국가의 최고 회의와 원로원

말하자면 나는 다음처럼 생각한다. 각 도시의 귀족들은 도시의 크기에 따라서 (이 장의 3절에 의해서) 많거나 적어야 하며, 자신의 도시에서 최고의 권리를 가진다. 귀족들은 도시의 최고 회의에서 최고의 권력을 가지고 도시를 방어하며, 도시의 성벽을 확장하고 세금을 부과하며, 법을 제정하고 폐지하며, 자기들의 도시를 보존하고 성장시키기 위해서 필요하다고 판단되는 모든 것들을 다룬다. 그러나 국가의 공동업무를 처리하기 위해서는 원로원이 설치되어야 한다. 우리는 원로원의 전적인 조건에 대해서는 앞 장에서 말하였다. 따라서 이러한 원로원이 다른 원로원과[3] 다른점은 도시들 사이에서 발생할 수 있는 문제들을 결정할 수 있는 권위도 가지고 있다는 것 뿐이다. 왜냐하면 수도가 없는 국가에서는 이러한 일이 한 도시국가에서처럼 최고 회의에 의해서 행하여질 수 없기 때문이다(앞 장의 38절을 보라).

6. 최고 회의의 소집, 지휘관의 부대와 사절의 선출, 보좌관과 재판관 등의 질서

그리고 이 국가에서는, 국가 자체를 개혁할 필요가 없으면 또는 원로원 의원들이 감당할 수 없다고 생각하는 어떤 힘든 업무가 아니라면 최고 회의를 소집해서는 안 된다. 따라서 모든 귀족들이 회의에 소집되는 일은 매우 드물게 된다. 왜냐하면 최고 회의의 직무는 법을 제정하고 폐지하며 국가의 관리를 선출하는 것이라고 말했기 때문이

---

3 (역주) 여기에서 말하는 다른 원로원은 하나의 도시로 이루어진 귀족국가의 원로원을 가리킨다.

다(앞 장의 17절). 그러나 법령들이나 전체 국가의 일반적인 법들은[4] 제정됨과 동시에 바뀌어서는 안 된다. 그렇지만 만일 어떤 새로운 법을 제정하거나 기존의 법을 바꿀 시간이나 기회가 되면 그 문제를 우선 원로원에서 다룰 수 있다. 그리고 다음으로 원로원에서 의견의 일치를 보았을 때 원로원에서 도시들로 사절들을 파견하며, 사절들은 각 도시의 귀족들에게 원로원의 견해를 전한다. 그리고 마지막으로 만일 도시의 과반수가 원로원의 견해를 지지하면 그 견해는 타당한 것으로 남을 것이고 그렇지 않다면 그것은 부당할 것이다. 그런데 군사령관과 외국으로 파견할 사절들의 선출에 있어서도 선전포고와 평화조약의 승인에서와 똑같은 절차가 지켜진다.

그러나 국가의 다른 관리들의 선출에서도 (이 장의 4절에서 제시한 것처럼) 각 도시는 가능한 한 독립을 유지하지 않으면 안 되며 한 도시가 다른 도시들보다 더 강할수록 그 도시는 국가에서 더 많은 권리를 소유하므로 다음과 같은 절차는 필히 지켜져야만 한다. 말하자면 원로원 의원들은 각 도시의 귀족들에 의해서 선출되어야 한다. 곧 한 도시의 귀족들은 자신들의 회의에서 자기들의 시민 동료들 가운데서 일정한 수의 원로원 의원들을 선출하는데, 그 수는 그 도시의 귀족들의 수에 대해서 1:12의 비율이다(앞 장의 30절을 보라). 그리고 귀족들은 이 의원들을 그들이 원하는 첫 번째 부서, 두 번째 부서, 세 번째 부서 등으로 배정한다. 그리고 마찬가지로 다른 도시의 귀족들도 자기들의 수에 비례해서 많거나 적은 원로원 의원들을 선출하며 부서들로 나누고 우리가 말한 것처럼 그 수대로 의원들을 배정한다(앞 장의 34절을 보라).

---

4 (역주) communia totius imperii iura(전체 국가의 일반적인 법)은 바로 헌법이다.

이렇게 해서 각 도시는 원로원의 각 부서에 도시의 크기에 비례해서 많거나 적은 원로원 의원들을 자신의 대표자로 가지게 된다. 그러나 부서의 의장과 부의장의 수는 도시들의 수보다 적어야 하는데, 이들은 원로원에서 집정관들 중에서(ex consulibus) 추첨에 의해서 선출되어야 한다. 그리고 국가의 최고 재판관의 선출에 있어서도 똑같은 절차가 지켜져야 한다. 말하자면 각 도시의 귀족들은 자기들의 수의 크기에 따라서 많거나 적은 재판관들을 선출한다. 따라서 각 도시는 관리의 선출에 있어서 가능한 한 자신의 권리를 가질 수 있으며, 각 도시는 힘이 클수록 또한 원로원과 마찬가지로 법정에서도 더 많은 권리를 가질 수 있다. 곧 이것은 원로원과 법정이 국가의 사안을 결정하고 문제를 해결하는 데 있어서 앞 장의 33절과 34절에서 기술한 것과 같은 절차를 전적으로 따른다는 것을 전제로 한다.

7. 지휘관 지원과 군대 법정

다음으로 대대장과 연대장도 귀족들 중에서 선출되어야 한다. 왜냐하면 각 도시가 자신의 크기에 비례해서 일정 수의 군인을 전체 국가의 공동의 안정을 위해서 모집하는 것이 정당한 것과 마찬가지로 각 도시가 유지하여야 할 연대의 수에 비례해서 국가를 위해 마련된 도시의 군대를 충분히 통솔할 수 있는 수만큼의 연대장과 중대장 그리고 기수 등을 각 도시의 귀족들 중에서 선출하는 것도 정당하다.

8. 세무 관리

세금(vectigalia)은 또한 원로원에 의해서 결코 신민에게 부과되어서는 안 되고, 오히려 원로원의 명령에 따라서 공적 업무를 수행하기 위해서 소요되는 비용을 위해서는 위로원에 의해서 시민이 아니라 도시 자체가 과세 산정의 대상이 되어야 한다. 그래서 각 도시는 크기에 비례해서 많거나 적은 비용의 부분을 담당하지 않으면 안 된다. 각 도시의 귀족들은 도시가 맡은 일정액을 자기들의 도시 주민들로부터 거둘 수 있는데, 자기들이 원하는 식으로, 곧 직접 평가해서 걷어 들이든지 아니면 보다 더 공정하게 주민들에게 세금을 부과한다.

9. 원로원 의원들의 이익이 되는 장소 그리고 그들이 모이는 장소

더 나아가서 비록 이 국가의 모든 도시들이 항구일 수도 없고, 또 원로원 의원들이 오직 항구도시에서만 선출될 수는 없을지라도 원로원 의원들에게는 우리가 앞 장의 31절에서 말한 수당이 배정될 수 있다. 이와 같은 목적을 위해서 국가의 구성에 적절하게 도시들을 보다 더 긴밀하게 결합시킬 수 있는 수단을 고안할 수 있을 것이다. 내가 앞 장에서 원로원과 법정과 전체 국가에 대해서 제시한 것들은 이 국가에도 적용된다. 따라서 많은 도시들을 소유한 국가에서는 최고 회의가 일정한 시간이나 장소에서 소집될 필요가 없다. 그러나 원로원과 법정의 장소는 마을(pagus)이나 투표권이 없는 도시에 배정되어야 한다. 이제 개별 도시들에 관한 것들로 되돌아 가보자.

10. 개별적인 도시들의 회의와 협회

한 도시의 최고 회의가 도시와 국가의 관리들을 선출하고 사안을 결

정하는 데 있어서의 절차는 내가 앞 장의 27절과 36절에서 제시한 것
과 동일해야 한다. 왜냐하면 앞장의 경우나 지금의 경우나 다 동일하
기 때문이다. 다음으로 법률고문 회의는 도시의 최고 회의에 소속되
어야 하고, 법률고문 회의와 도시의 최고 회의와의 관계는 앞 장에서
의 법률고문 회의와 전체 국가의 회의와의 관계와 똑같다. 그리고 법
률고문 회의의 직무는 도시의 법적 관할권 내에서는 똑같아야 하며
동일한 수당을 받아야 한다. 만일 도시들의 수가 적고 따라서 귀족들
의 수도 적어서 한 두 명의 법률고문 밖에 둘 수 없다면, 두 사람으로
는 회의를 구성할 수 없으므로 사안에 따라서 도시의 최고 회의가 재
판에서 법률고문을 도울 수 있는 재판관을 지정하게 하든지 아니면
문제를 최고 회의에 부속된 법률고문 회의로 이관하도록 한다. 왜냐
하면 각 도시에서는 법률고문들 중에서 몇 명을 또한 원로원이 설치
되지 않은 곳으로 파견하여야 하기 때문이다. 이들은 전체 국가의 법
이 침해당하지 않도록 감독하며, 투표권 없이 원로원에 참석한다.

11. 도시의 집정관들

도시의 집정관들(urbium consules)도 또한 그 도시의 귀족들에 의해
서 선출되며, 그들은 그 도시의 원로원을 구성한다. 그러나 그들의
숫자는 정해질 수 없으며, 정해질 필요도 없다고 판단된다. 왜냐하면
도시의 중요한 업무는 도시의 최고 회의에서 그리고 전체 국가에 관
한 업무는 대원로원에서(a magno senaty) 수행되기 때문이다. 그리
고 집정관들의 수가 적으면 마치 대회의에서처럼 비밀투표를 행하지
않고 그들의 회의에서 공개적으로 투표한다. 왜냐하면 회원 수가 적
은 회의에서 비밀투표가 행해지면 어느 정도 교활한 자는 누가 투표

했는지 쉽게 알아내고 주의력이 부족한 사람을 여러 가지로 기만할
수 있기 때문이다.

12. 도시의 재판관들

그 이외에도 각 도시에서 재판관들은 그 도시의 최고 회의에서 임명
되어야 한다. 그렇지만 피고가 공공연히 승복하고 채무자가 승인했
을 경우를 제외하고 시민은 재판관의 판결에 대해서 국가의 최고재
판소에 항소할 수 있다. 이것은 더 이상 탐구할 필요가 없다.

13. 자신의 권리를 가지지 못한 도시들

따라서 이제 남은 것은 자신의 권리를 가지지 못한 도시들에[5] 대한
것이다. 만일 이 도시가 국가의 한 주나 지역 내에 있고 그 주민이 똑
같은 민족과 언어로 구성된다면 그것은 마치 마을처럼 필히 이웃 도
시의 일부로 여겨져야 한다. 그래서 국가의 그러한 각 도시는 독립적
인 도시의 지배에 속하지 않으면 안 된다. 그 이유는 다음과 같다. 귀
족들은 국가의 최고 회의에서가 아니라 각 도시의 최고 회의에서 선
출되는데, 귀족들은 각 도시에서 그 도시의 사법적 관할권 내에 있는
주민의 수에 따라서 더 많을 수도 있고 더 적을 수도 있다(이 장의 5
절에 의해서). 따라서 자신의 권리를 가지지 못한 도시의 주민들은
자신의 권리를 가진 도시의 주민들의 명부에 등록되어야 하며, 그 도
시의 통치에 의존하여야 한다. 그러나 전쟁권에 의해서 정복당하고

---

5 (역주) 비독립적 도시들을 말한다.

국가에 병합된 도시들은 국가의 연합체와 마찬가지로 여겨지고, 호
의를 베풀어서 복종하게 하여야 한다. 또는 시민권을 누리는 식민지
들을 그곳으로 보내고 그곳의 민족을 다른 곳으로 옮기거나 아니면
그 도시를 전적으로 파괴하여야 한다.[6]

14. 여러 도시들로 이루어진 귀족주의 국가는 다르게 취급되어야 한다 (1)

이상은 귀족국가의 기초에 관한 것들이다. 그러나 오직 한 도시의 이
름을 딴 귀족국가보다 여러 도시들로 구성된 귀족국가가 그 조건이
더 좋다는 것으로부터 나는 다음처럼 결론 내린다. 곧 각 도시의 귀
족들은 인간의 욕망에 따라서 원로원에서와 마찬가지로 도시에서 자
기들의 권리를 유지하려고, 그리고 가능하다면 그것을 증대시키려고
애쓸 것이다. 따라서 그들은 가능한 한 시민들을 자기들 편으로 끌어
들이고 따라서 공포가 아니라 호의에 의해서 통치하며 자기들의 지
지 숫자를 늘리려고 노력할 것이다. 왜냐하면 귀족의 수가 많아질수
록 자기들의 회의에서 더 많은 원로원 의원들을 선출할 수 있고(이
장의 6절에 의해서), 따라서 (똑같은 절에 의해서) 국가에서 더 많은
권리를 획득할 수 있기 때문이다. 그리하여 다음과 같은 문제가 생기
지 않는다. 각 도시가 자신만을 배려하고 다른 도시들은 질시하는 동
안 흔히 도시들은 서로 불화를 일으키며 논쟁으로 시간을 소비하기
일쑤이다. 로마인들이 싸우는 동안에 사군툼(Sagunthum)이 무너졌
다면,[7] 이와 반대로 소수의 사람들이 오직 자기들의 감정에 따라서

---

6 (역주) Machiavelli, N., Il Principe III, IV, Discorsi, II, 23 참조.
7 (역주) Livii histor, I, 21, 6장 참조. 리비우스(Livius A.L.)는 기원전 3세기 말에

모든 것을 결정한다면 자유와 공동의 선도 사라질 것이다.

　모든 것을 곧바로 통찰할 수 있기에는 인간이 재능(humana ingenia)이 부족하다. 의논하고, 듣고, 토론함으로써 인간의 재능은 예리해지고, 원하는 모든 수단을 강구하면서 모든 사람들이 인정하며 이전에는 아무도 생각하지 않았던 것을 발견한다. 만일 어떤 사람이 네덜란드는 백작이나 백작을 대신하는 대리인이 없이는 그렇게 오래 존속할 수 없었다고 반박한다면 나는 다음처럼 답할 것이다. 네덜란드인들은 자유를 획득하기 위해서 백작을 물러나게 하고 국가의 조직에서 머리를 잘라내는 것으로 충분하다고 믿었고 국가의 개혁에 대해서는 생각하지 않았다. 그러나 국가의 모든 수족은 이전에 구성되었던 것처럼 남게 되었다. 그래서 네덜란드의 귀속제도는 마치 머리 없는 신체와 마찬가지로 귀족 없이 남게 되었으며, 국가자체는 이름 없이 남게 되었다. 따라서 신민 대부분이 최고의 통치권(summa imperii potestas)이[8] 누구에게 속하는지 알지 못했다는 것은 결코 놀랄 일이 아니다. 비록 이런 경우가 아니라고 할지라도 실제로 통치권을 가진 사람들은 대중을 통치하고 강력한 적들을 억압할 수 있기에는 지나치게 수가 적었다. 그래서 적들은 빈번히 아무런 처벌도 받지 않고 통치권을 가진 사람들에 대해서 음모를 꾸몄으며, 결국 그들을 전복시킬 수 있었다. 그러므로 네덜란드 공화국의 갑작스런 붕괴는 무익한 논의로 시간을 낭비해서가 아니라 국가 상태의 결함과 통치자의 수가 적은 것에 의해서 생긴 것이다.

사망한 그리스 태생의 최초의 저명한 로마 시인이다. 그는 오디세이를 라틴어로 번역했고 이것은 로마의 언어 예술에 관한 대표적인 교과서가 되었다. 그의 작품들 중에는 「역사: Historiae」를 비롯해서 단편들만 남아 있다.

8 (역주) 최고의 통치권은 바로 주권이다.

15. 여러 도시로 이루어진 귀족주의 국가는 다르게 취급되어야 한다 (2)

여러 도시들이 통치권을 가지는 귀족국가는 다른 한 도시의 귀족국가보다 장점을 가진다. 왜냐하면 앞의 경우에서와 마찬가지로 국가의 최고 회의가 갑작스러운 공격에 의해서 점령당하지 않을까 하고 조심할 필요가 없기 때문이다. 그 이유인즉(이 장의 9절에 의해서) 최고 회의의 소집 시기와 장소가 전혀 정해져 있지 않기 때문이다. 게다가 이러한 귀족국가에서는 힘 있는 시민들이 그다지 두려움의 대상이 되지 않는다. 왜냐하면 여러 도시들이 자유를 향유하는 국가에서는 다른 도시들을 통치하기 위해서 한 도시만을 획득하는 것이 통치권을 장악하려고 하는 사람에게는 충분치 않을 것이기 때문이다. 그리고 마지막으로 이러한 국가에서 자유는 많은 사람들의 공동의 자유이다. 왜냐하면 오직 한 도시가 통치하는 곳에서는 이 통치하는 도시에 이익이 되는 한에 있어서만 다른 도시들의 선이 고려될 것이기 때문이다.

10

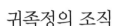

귀족정의 조직

1. 귀족주의 국가가 해체되는 첫 번째 이유, 독재

두 종류의 귀족국가들의 기초에 대해서 설명하고 밝혔으므로 우리에게 남은 일은 어떤 잘못으로 귀족국가가 해체되거나 또는 다른 형태로 변할 수 있는지의 여부를 탐구하는 것이다. 이와 같은 귀족국가들이 해체되는 첫 번째 이유는 가장 예리한 플로렌스인 마키아벨리가 「로마사 논고」 3부 1장에서 관찰한 것으로, 인간의 신체와 마찬가지로 "국가에는 때때로 정화를 필요로 하는 것이 매일 모인다."[1] 따라서 국가가 처음에 건립된 근원적인 원리로 국가를 되돌아가게 하는 어떤 것이 언젠가는 일어나야 한다고 그는 계속해서 말한다. 만일 이러한 일이 제때에 일어나지 않는다면 피해는 커질 대로 커져서 국가 자체는 끝내 몰락해 버리고 말 것이다. 그는 계속해서 말하기를 귀족국가의 복구는 우연히 생길 수도 있고 법의 권고나 지혜에 의해서 또

---

1 (역주) Machiavelli, N., Discorsi III, 1 참조.

는 탁월한 덕을 소유한 사람에 의해서 생길 수도 있다고 한다.

이러한 것들이 가장 중요하다는 것을 우리는 결코 의심할 수 없다. 이러한 국가적 해악을 예방하지 못하는 곳에서의 국가는 자신의 능력에 의해서가 아니라 오직 운에 따라서 존속할 수 있을 것이다. 그리고 이와 반대로 그와 같은 해악에 대해서 적절한 치료책이 강구된 곳에서의 국가는 자신의 과오 때문이 아니라 오로지 불가피한 어떤 운명 때문에 붕괴될 수 있을 것이다. 이에 대해서 곧 한층 더 명백하게 제시할 것이다. 이러한 해악에 대처하는 첫 번째 대책은 다음과 같다. 매 5년마다 최고의 권한을 가지는 한 명의 어떤 독재 관리(aliquis dictator)를[2] 한 달이나 두 달의 임기로 선임한다. 이 독재 관리의 권리는 원로원 의원과 각 관리들의 행적을 조사하고, 판단하고, 결정하며 결국 국가를 국가의 원리로 되돌이키는 것이다.

그러나 국가의 불행(imperii incommoda)을 제거하려고 노력하는 사람은 국가의 본성과 일치하며 국가의 기초로부터 도출된 대책을 사용하지 않으면 안 된다. 그렇게 하지 않을 경우 독재 관리는 카립디스(Charybdis)를 피하려다가 스킬라(Scylla)에게로 빨려 들어갈 것이다.[3] 물론 다음과 같은 점은 사실이다. 통치 받는 사람과 통치하는 사람 모두는 처벌받지 않고 또는 부정한 이익을 보지 않기 위해서 곧 처벌이나 손실의 두려움 때문에 행동을 억제하지 않으면 안 된다. 그

---

2 (역주) 여기에서 dictator는 선출된 자이므로 독재 관리라고 부를 수도 있다.
3 (역주) 스킬라와 카립디스는 메시나해협 양쪽에 살았다고 전해지는 그리스 신화 속의 두 여자 괴물이다. 스킬라는 12개의 발과 6개의 머리를 가졌고 산 것은 모두 잡아먹었다. 다른 편에는 카립디스가 하루에 세 번 물을 마시고 토해냈다. 오디세이가 메시나해협을 건널 때 그는 바다의 요정 치르체(Circe)의 충고에 의해서 카립디스를 피할 수 있었다. 스킬라와 카립디스는 피할 수 없는 두 가지 해악을 상징한다.

러나 이와 반대로 또한 만일 여기에서 이러한 공포가 선한 사람과 악한 사람에게 있어서 똑같다면 국가는 필히 커다란 위험에 빠질 것이다. 독재 관리의 권력(dictatoria potestas)은 절대적이어서 모든 사람들에게 공포의 대상이 되지 않을 수 없으며, 특히 만일 독재 관리를 정기적으로 선임하면 더 그렇다. 왜냐하면 명예욕을 가진 사람들은 모두 온갖 노력을 다 기울여서 그 명예로운 직을 얻으려는 야망을 가질 것이기 때문이다. 평화 시에는 덕보다 부유함(opulentia)이 존중받으므로 오만한 자들이 한층 더 쉽게 명예로운 직을[4] 차지할 수 있을 것이다.

그리고 아마도 이와 같은 이유에서 로마인들은 결코 독재 관리를 정기적으로 선임하지 않고 어쩔 수 없이 필요할 때만 선임하곤 하였을 것이다. 그러나 키케로가 말한 것처럼 "독재 관리의 오만은 선한 사람들에게는 불쾌한 것" 바로 그것이다.[5] 그리고 물론 이 독재 관리의 권력은 완전히 제왕적이기 때문에 비록 시간적으로 매우 짧다고 할지라도 공화국을 큰 위험에 빠뜨리면서 언젠가 군주국으로 변할 수 있다. 이에 덧붙여서 만일 독재 관리를 정기적으로 선임하지 않는다면, 한 독재 관리와 다음 독재 관리 사이에는 앞에서 우리가 특히 필요하다고 말한 관계가 전혀 성립할 수 없으며, 그리고 또한 사태가 불확실하므로 그러한 중간 시기는 쉽사리 무시된다. 따라서 이 독재 관리의 권력이 영원하고 안정적이지 않다면, 그래서 국가의 형태를 파괴하지 않고서는 한 사람에게 위임될 수 없다면, 독재 관리 자체는 물론, 결국 공화국의 안녕과 보존이 특히 불확실할 것이다.

---

4 (역주) 명예로운 직이란 독재 관리의 직책을 말한다.
5 (역주) 국가 위기 시 로마의 독재 관리는 6개월 이상 재임하지 않았다. 마키아벨리는 이를 지지했으나(Discorsi I, 34), 스피노자는 키케로와 함께 이를 반대하였다.

2. 최고 회의

그러나 이와 반대로 우리는 (6장의 3절에 의해서) 다음의 사실을 결코 의심할 수 없다. 만일 국가 형태의 보존과 함께 독재 관리의 직이 영속적이고 악한 자들에게만 두려움의 대상이 된다면 독재 관리의 해악은 결코 제거하기가 어려울 만큼 커지지 않을 것이다. 따라서 우리는 앞에서 이와 같은 모든 조건하에서 말하자면 독재 관리의 권력이 지속적이기 위해서 법률고문 회의를 최고 회의 아래에 두어야 한다고 주장하였다. 그러면 독재 관리의 권력은 어떤 자연인의 수중에 있지 않고, 그 구성원들이 여럿인 시민적 기구 안에 있게 되는데, 그 구성원들은 통치권을 분할할 수 없으며 (앞 장의 1절과 2절에 의해서) 어떤 범죄와 결탁할 수도 없을 것이다. 여기에 다음과 같은 점이 첨가된다. 법률고문은 국가의 다른 관직에 취임하는 것이 금지되어 있으며, 군인에게 급여를 지불하지도 않고, 마지막으로 새롭고 위험한 것보다는 현재의 안전을 원하는 연령에 도달한 사람들이어야 한다. 따라서 국가는 그들에게서 어떤 위험도 당하지 않을 것이고 결국 그들은 선한 사람들이 아니라 오직 악한 자들에게만 공포의 대상이 될 것이고, 실제로도 그럴 것이다. 왜냐하면 그들은 죄를 짓기에는 너무 약하고 악을 제거하기에는 충분히 강하기 때문이다. 그 이유인즉 그들은 악을 초기에 저지할 수 있는 것 이외에도 (그들의 회의는 상설기구이므로) 구성원의 수가 많으므로 감히 증오를 두려워하지 않고 힘 있는 한 사람이나 다른 사람을 고소하고 단죄할 수 있다. 특히 비밀투표가 이루어지고 판결은 법률고문 회의 전체의 이름으로 선고되기 때문에 그렇게 할 수 있다.

3. 로마의 민중 법정

그런데 로마의 평민을 위한 호민관(tribunus)직도 상설적이었다.[6] 그러나 호민관들의 힘은 스키피오 가문의 권력(Scipionis potentia)을 제지하기에도 약했다. 게다가 그들이 복지를 위한 것이라고 판단하는 것을 원로원에 제출하지 않으면 안 되었으므로 원로원은 자주 호민관들을 따돌렸다. 곧 이와 같은 계획은 원로원이 별로 두려워하지 않는 사람들을 평민들의 마음에 들게 하기 위해서 생겨난 것이다. 여기에 더해서 귀족들에 대한 호민관들의 권위는 평민의 호의에 의해서 지지받았다. 그래서 호민관들이 평민들을 소집할 때마다 그것은 회의를 소집하는 것보다는 오히려 반란을 일으키는 것으로 보였다. 물론 이러한 불행한 일들은 앞의 두 장들에서 우리가 기술한 귀족국가에서는 발생하지 않는다.

4. 회의의 권위

그러나 실제로 법률고문 회의의 권위는 오직 국가의 형태를 보존하도록 영향력을 미칠 수 있는 것이다. 따라서 이 회의는 법을 지키지 않거나 또는 어느 누구도 법을 위반하여 이익을 취하는 것을 저지한다. 그러나 이 회의는 법으로 금지할 수 없는 악덕들이 스며드는 것을 막을 충분한 능력이 없다. 사람들이 지나치게 한가할 경우 빠져드는 악덕들이 있는데, 이런 악덕들에 의해서 국가는 간혹 멸망하게 된다. 왜냐하면 인간은 평화 시에 공포를 제거하면 점차 미개한 야만인

---

6 (역주) Machiavelli, N., Discorsi I, 3 참조. 호민관들(tribuni plebis)은 귀족들로부터 평민들을 보호하기 위해서 임명된 관리들이었다.

에서 문명화되거나 인간적으로 발전한 인간으로 되며, 이 발전한 인간은 연약하고 무력한 인간으로 되어 서로 덕으로 남을 능가하려고 하지 않고 오만과 사치로 남을 능가하려고 애쓴다. 그렇게 해서 그들은 조국의 풍습을 경멸하고 다른 나라의 풍습을 받아들이기를, 곧 노예가 되기 시작한다.

5. 소모적인 법

이러한 악덕들(mala)을 피하기 위해서 많은 사람들이 사치 금지법(leges sumptuarias)를 제정하려고 시도했으나 그것은 헛수고였다. 왜냐하면 다른 어떤 사람도 해치지 않지만 아무도 지킬 수 없는 모든 법은 웃음거리가 될 뿐만 아니라 인간의 욕망과 충동(cupiditas et libido)을 억제하기는커녕 반대로 그것들을 목적으로 삼는다. 그 이유인즉 우리는 항상 금지된 것을 추구하며 거절당한 것을 원하기 때문이다.[7] 한가한 사람들은 누구나 완전히 금지될 수 없는 것들을 다루도록 정해진 법들은 영리하게 피할 수 있었다. 그러한 것들은 연회, 도박, 치장 및 이와 유사한 다른 것들이며, 그것들은 단지 도가 지나칠 경우 악덕이고 각자의 재산에 의해서 평가되므로 결코 보편적인 법에 의해서 결정될 수 없다.

---

7 (역주) Ovidius, Amores III, iv, 17 참조. 오비디우스(43 B.C.-18 A.D.)는 로마의 시인으로서 애가(哀歌)의 거장이다. 그는 「사랑」(Amores), 「사랑의 예술」(Ars armandi), 「사랑의 치료책」(Remedia amoris), 「변형」(Metamorphoses) 등의 작품들을 남겼다. 서양의 중세 시대에 오비디우스는 버질 이후 최고의 시인으로 평가받았다.

6. 악덕은 직접적으로가 아니라 간접적으로 금지되어야 한다 (1)

따라서 나는 다음처럼 결론 내린다. 여기에서 우리가 말하는 평화 시에 생기는 일반적인 악덕들은 직접적으로가 아니라 간접적으로 금지되어야 한다. 말하자면 국가의 기초를 기획하면서 물론 많은 사람들이 지혜롭게 살려고 애쓰도록 만들 수는 없지만 (왜냐하면 이것은 불가능하기 때문에) 사람들의 정서를 공화국에 보다 더 이익이 되도록 이끌 수 있도록 악덕들이 금지되어야 한다. 따라서 우리는, 부자들은 절약할 수는 없지만 오히려 탐욕적으로 된다는 그러한 사실을 주로 탐구하지 않으면 안 된다.

왜냐하면 다음과 같은 점은 의심할 수 없기 때문이다. 만일 여기에서 보편적이며 항구적인 탐욕(avaritia)의 정서가 명예욕과 합쳐진다면 대부분의 사람들은 수치스럽지 않게 자기들의 재산을 늘려서 그로부터 명예직에 오르고 최대한의 비난을 피하려고 최대한으로 노력할 것이다. 따라서 만일 우리가 앞의 두 장들에서 설명한 두 가지 귀족국가의 기초들에 대해서 주의를 기울인다면, 우리는 이러한 결론이 그러한 기초들로부터 나오는 것을 알 수 있을 것이다. 왜냐하면 두 국가에는 통치직(numerus regentium)의 수가 많기 때문에 대부분의 부자들에게는 정치에 참여할 수 있는 길과 국가의 명예로운 직위에 오를 수 있는 길이 다 열려 있다.

7. 악덕은 직접적으로가 아니라 간접적으로 금지되어야 한다 (2)

만일 우리가 8장의 47절에서 말한 것처럼 지불할 수 있는 것 이상으로 빚을 진 귀족들을 귀족에서 제외시키고, 자신의 재산을 불행으로 상실한 귀족에게 그 전액을 보충해 준다면 모든 사람들이 가능한 한 자기들의 재산을 보존하기 위해서 애쓰리라는 것은 의심할 여지가 없다. 만일 귀족들과 관직에 오를 후보자들에게 특별한 예복을 입혀서 서로 알아볼 수 있게 법으로 정한다면 외국의 복장을 갈망하는 일도 결코 없을 것이고 조국의 풍습도 경멸하지 않을 것이다. 이에 대해서는 8장의 25절과 47절을 보라. 그리고 각 국가에서는 이러한 것들 이외에도 그 땅의 본성과 민족의 재능을 조화시킨 다른 방안들을 고안할 수 있다. 따라서 무엇보다도 먼저 신민들이 법적 강요에 의해서가 아니라 오히려 자발적으로 자신의 직무를 수행할 수 있는 방법에 대해서 살펴야만 한다.

8. 거부당하는 명예와 장점

왜냐하면 공포에 의해서 인간을 다스리는 것 이외에 다른 것을 보지 못하는 국가는 악덕은 없을 수 있어도 유덕한 국가는 아닐 것이기 때문이다. 그러나 인간은 끌려가는 것이 아니라 자신의 기질과 자신의 자유의지의 결정에 의해서 스스로 살아가는 식으로 이끌려 가고 있는 것으로 여겨져야 한다. 따라서 인간은 오직 자유에 대한 사랑, 재산을 증식하려는 노력 그리고 국가의 명예로운 직위에 오를 수 있는 희망에 의해서 제어될 수 있다. 더 나아가서 조상(彫像)들(imagines), 개선 행진 그리고 다른 덕의 자극제들은 자유의 상징이라기보다 오히려 예속의 상징이다. 왜냐하면 덕에 대한 보상은 자유인이 아니라 노예에게 배정되기 때문이다.

나도 물론 인간들이 이러한 자극에 의해서 가장 많이 고무된다는 사실을 인정한다. 그러나 이러한 것이 처음에는 위대한 사람에게 주어지지만 나중에는 질투가 커지면서 재산 이외에는 아무것도 가지지 않은 무용한 사람에게 주어져서 모든 선한 사람들이 분노하게 된다. 다음으로 선조들의 개선식과 조상(彫像)들을 제시하는 사람들은 다른 사람들이 그것들을 좋아하지 않으면 스스로 모욕당했다고 믿는다. 마지막으로 다른 것들은 말하지 않아도 다음의 사실은 확실하다. 평등(aequalitas)이 사라지면 공공의 자유도 필히 사라지는데, 만일 덕망으로 유명한 어떤 사람에게 공공의 법령에 의해서 특별한 명예가 주어진다면 평등은 결코 어떤 식으로도 보존될 수 없다.

9. 귀족주의 국가는 확립될 수 있다 (1)

이와 같은 것들을 전제로 삼고 이제 우리는 이러한 종류의 귀족국가들이 어떤 비난받을 만한 이유로 인해서 붕괴될 수 있었는지를 알아보기로 하자. 그러나 만일 국가가 영구적일 수 있으려면 일단 옳게 제정된 국가의 헌법이 침해당하지 않고 남아 있어야 한다는 것이 필수적인 것이다. 왜냐하면 국가의 영혼은 헌법(iura)이기[8] 때문이다. 따라서 헌법이 지켜지면 국가도 필히 지켜진다. 헌법은 오직 이성과 인간에게 공통된 정서의 지지만 받으면 파괴되지 않는다. 그렇지 않고 헌법이 오직 이성의 지지만 받으면 그것은 물론 무가치해지고 쉽사리 무너진다. 따라서 우리는 두 귀족국가들의 근본적인 법이 이성 및 인간에게 공통적인 정서와 일치한다는 것을 증명했으므로 우리는 다음처럼 단언할 수 있다. 어떤 국가들도 영속적이려면 필히 이러한 조건들을 가져야 할 것이다. 또한 이러한 국가는 비난받을 만한 원인

---

8 (역주) 일반적으로 lex는 법을 그리고 ius는 권리를 의미하지만 여기에서는 imperii iura를 국가의 헌법으로 옮겼다.

에 의해서가 아니라 오직 자체의 어떤 불가피한 운명에 의해서만 붕
괴될 수 있다.

10. 귀족주의 국가는 확립될 수 있다 (2)

그러나 사람들은 이러한 주장에 대해서 다음처럼 반박할 수 있다. 비
록 앞 장에서 제시된 국가의 헌법이 이성과 인간의 공통적 정서에 의
해서 지지받는다고 할지라도 그것은 때때로 무너질 수 있다. 왜냐하면
언젠가는 보다 더 강하고 반대되는 정서에 의해서 정복되지 않는 정
서란 전혀 없기 때문이다. 그 이유인즉 우리는 타인의 재산에 대한
욕망이 흔히 죽음의 공포를 압도하는 것을 보기 때문이다. 적에 대한
공포의 위협으로 인해서 도주하는 사람은 다른 어떤 공포에 의해서
도 멈추게 할 수 없다. 그는 적의 칼을 피하기 위해서 자기 자신을 물
속으로 던지거나 불 속으로 뛰어든다. 따라서 국가가 질서 있고 모든
법이 잘 제정되어 있을지라도 극단적인 위기에 처한 국가의 사람들
에게서 자주 볼 수 있는 것처럼 모든 사람들이 공포에 사로잡히면 누
구든지 단지 현재의 공포의 속삭임만 주의해서 듣고 행동하며 미래
도 법도 돌아보지 못한다. 모든 사람들의 눈은 승리에 의해서 유명해
진 사람에게 향하고, 그를 법의 속박으로부터 벗어나게 하고, 또한 그
의 통치 기간을 연장해 주고(이것은 가장 나쁜 사례이다), 그를 신뢰하
여 전체 공화국을 그에게 맡겼다. 이것들은 확실히 로마제국의 붕괴의
원인이었다.[9]

그러나 이와 같은 반박에 대해서 나는 우선 다음과 같이 말한다.
올바르게 건설된 공화국에서는 정당한 이유에서가 아니라면 그와 같

---

9 (역주) Machiavelli, N., Discorsi III, 24 참조.

은 위협이 발생하지 않을 것이다. 따라서 그와 같은 위협과 그로부터 생기 혼란은 인간의 통찰력이 피할 수 있는 어떤 원인에도 속할 수 없다. 다음으로는 다음과 같은 사실을 주의하여야 한다. 우리가 앞에서 기술한 공화국에서는 한두 사람이 모든 사람들의 눈을 자신에게 향하게 할 만큼 덕의 명성으로 뛰어날 수는 없다(8장의 9절과 25절에 의해서). 그러한 사람은 필히 많은 경쟁자들을 가지며, 경쟁자들에게는 다른 많은 지지자들이 있다. 따라서 비록 위협에 의해서 공화국에서 혼란이 발생할지라도 어느 누구도 법을 무시할 수 없으며, 법을 어기면서 군정(軍政)을 위해서 어떤 사람을 추천할 수도 없을 것이다. 그와 같은 분쟁을 해결하기 위해서는 일찍이 모든 사람들이 제정하고 인정한 헌법의 도움을 받아서 기존 법에 따라서 국가의 사안들을 정리하는 것이 필요하다. 따라서 나는 절대적으로 오직 한 도시가 지배하는 국가는 물론이고 주로 여러 도시들이 지배하는 국가도 영구적일 수 있으며, 그러한 국가는 어떤 내적 원인에 의해서도 붕괴되거나 다른 형태로 변할 수 없다고 단언할 수 있다.

11

민주정

1. 민주정과 귀족정의 차이 (1)

나는 결국 우리가 민주정(democraticum)이라고 부르는 제3의, 전적으로 완전한 국가로 넘어간다. 민주국가와 귀족국가의 차이는 주로 다음과 같은 점에 있다고 우리는 말하였다. 귀족국가에서 (이러저러한) 사람을 귀족으로 만드는 것은 오직 최고 회의의 의지와 자유로운 선택에만 의존한다. 따라서 아무도 투표권과 국가의 관직 취임을 상속권으로 가지지 못하며, 아무도 그러한 권리를 정당하게 요구할 수 없다. 그러나 지금 우리가 다루고 있는 민주국가에서는 경우가 다르다. 왜냐하면 그 이유는 다음과 같기 때문이다. 양친이 시민인 사람, 특정 국가에서 출생한 사람, 공화국을 위해서 공적이 있는 사람, 다른 이유들로 인해서 법률이 시민권을 부여해야 할 사람 등 이 모든 사람들은, 정당하게 최고 회의에서 투표권을 가질 수 있고 국가 관직을 요구할 수 있으며, 죄를 범하거나 불명예스러운 일을 저지르지 않았다면 그 권리를 그들에게서 빼앗을 수 없다.

2. 민주정과 귀족정의 차이 (2)

따라서 최고 회의에서의 투표권과 국무를 처리할 수 있는 권리를 일정한 나이에 이른 노인들에게만 또는 오직 일정한 나이가 된 장남들에게만 또는 일정 금액을 공화국에 납세하는 사람들에게만 주기로 법에 의해서 정해진다면 비록 그러한 이유로 인해서 최고 회의가 앞에서 취급한 귀족국가의 최고 회의의 의원들보다 적은 수의 시민들로 구성된다고 할지라도 국가들은 민주국가(imperium democraticum)로 일컬어져야 할 것이다. 왜냐하면 국가의 통치를 위해서 임명된 시민들은 최고 회의에 의해서 가장 훌륭한 사람들로서 선출되는 것이 아니고 법의 의해서 그러한 직에 배정되기 때문이다.

그리고 이러한 이유 때문에 가장 훌륭한 사람들이 아니라 운 좋게 부자가 된 사람들이나 장남들이 통치하도록 임명된 국가는 귀족국가보다 열등할지 모른다. 그렇지만 만일 우리들이 실천이나 인간들의 공통된 상태를 살펴본다면 상황은 동일한 것으로 드러난다. 왜냐하면 귀족들에게는 부자들이나, 자기들과 혈연관계를 가진 사람들이나 우정으로 맺어진 사람들이 가장 훌륭한 사람들로 여겨질 것이기 때문이다. 그런데 물론 귀족들이 만일 모든 감정으로부터 자유롭게 오직 공적 복지만을 위한 노력에 이끌려서 동료 귀족들을 선출할 수 있다면 어떤 국가도 이러한 귀족국가와 비교할 수 없을 것이다. 그러나 사실은 정반대라는 것을 경험 자체가 충분히 가르쳐 준다. 특히 과두정에서(in oligarchiis) 귀족들의 의지는 경쟁자가 없기 때문에 법적 구속을 거의 받지 않는다. 왜냐하면 과두정에서 귀족들은 가장 훌륭한 사람들(optimos)[1]을 모든 힘을 다 기울여서 회의에서 배제하고, 자기들의 말에만 의존하는 자신들의 동료를 회의에서 뽑는다. 그래서 그 국가의 사태가 한층 더 나빠진다. 왜냐하면 귀족들의 선임은 완전히 자유로운 또는 어떤 법의 제재도 받지 않는 소수 귀족들의 의지에 의존하기 때문이다. 다시 처음으로[2] 되돌아가자.

3. 민주정의 본성

앞 절에서 말한 것을 통해 민주정의 다양한 종류(imperii democratici diversa genera)를[3] 생각할 수 있다는 것이 분명해졌다. 그러나 나는 각각의 민주정에 대해서 다루지 않고 오직 다음과 같은 민주정에 대해서만 다루기로 하겠다. "민주정 안에서 오직 조국의 법을 지키고 그 이외에도 독립적이며 정직하게 살아가는 모든 사람들은 최고 회의에서 투표권을 가지며 국가의 관직에 오를 권리를 가진다." 나는 분명히 "오직 조국의 법을 지키는 사람들"이라고 말하는데, 이것은 타국의 지배하에 있는 것으로 생각되는 외국인들을 제외하기 위해서이다. 이 이외에도 나는 다음과 같은 점을 덧붙였다. "그들은 국가의 법을 지키는 것 이외에도 다른 것들에 있어서 독립적이지 않으면 안 된다." 왜냐하면 남자들과 주인들의 권력 안에 있는 여인들과 노예들(mulieres et servos)을 제외하기 위해서 그리고 또한 부모와 후견인의 권한 아래에 있는 아이들과 미성년자들도 제외하기 위해서이다.

---

1 (역주) optimos는 곧 가장 선한 사람들이다.
2 (역주) 민주정을 말한다.
3 (역주) imperii democratici diversa genera는 다양한 종류의 민주국가들, 다양한 종류의 민주정체(政體)들 또는 다양한 종류의 민주주의 제도들 등으로 옮길 수 있다.

그들은 독립적이지 않기 때문이다. 마지막으로 나는 "정직하게 살아가는"이라고 말했는데, 이것은 특히 범죄를 저질렀거나 비난 받을만한 삶으로 인해서 불명예스러운 사람들을 제외하기 위해서이다.

4. 통치에서 제외되는 여성

아마도 어떤 사람은 이렇게 물을 것이다. 그런데 여성은 본성에 의해서 아니면 제도에 의해서 남성의 권력 아래에(sub potestate) 있는 것인가? 왜 그런가 하면, 만일 제도에 의해서 이렇게 되었다고 한다면, 우리는 여성을 정치에서 배제할 아무런 이유도 없기 때문이다. 그러나 만일 우리가 경험을 살펴볼 경우 그 이유가 여성들의 허약함(imbecillitas)에서 생긴다는 것을 알 수 있다. 왜냐하면 어느 곳에서도 남성과 여성이 함께 다스리는 곳은 없지만, 남자들과 여자들이 있는 지역에서는 어디나 남성은 지배하고 여성은 지배당하면서 그렇게 해서 양성이 조화롭게 사는 것을 볼 수 있기 때문이다.

  그러나 이와 반대로 일찍이 전설에 따르면 통치한 것으로 유명한 아마존 여인들(Amazonae)은 자국의 땅에 남자들이 머무는 것을 용납하지 않았으며, 오직 여자아이들만 키우고 자기들이 출산한 남자아이들은 죽이고 말았다. 그런데 만일 본성상 여성이 남성과 똑같다면, 만일 주로 인간의 힘과 따라서 권리도 성립하는 영혼의 힘과 정신적 재능에 있어서도 여성이 남성과 마찬가지로 강하다면, 확실히 그렇게 많은 다양한 민족들 가운데서 양성이 똑같은 식으로 다스리는 한 두 민족이 있어야 할 것이고, 남자들이 여자들에게 지배당하고 키워져서 남자들이 정신적으로 여자들에게 뒤떨어지는 또 다른 민족이 있어야 할 것이다.

그런데 어느 곳에서도 그렇지 않기 때문에 전적으로 다음처럼 단언할 수 있다.[4] 여성은 본성상 남성과 동등한 권리를 가지지 못하며 필히 남성에게 속한다. 따라서 양성이 똑같이 다스리는 것은 있을 수 없으며, 더군다나 남성이 여성에게 지배당하는 것은 더더욱 있을 수 없다. 게다가 만일 우리들이 인간의 정서를 고찰해 본다면, 말하자면 대부분의 남성은 오직 충동의 정서(libidinis affectus)에 의해서만 여성을 사랑하며 어떤 여성이 아름다운 한에 있어서만 그녀의 재능과 지혜를 높이 평가한다. 그리고 남자들은 자기들이 사랑하는 여성이 어떤 식으로든 다른 사람에게 호의를 나타내는 것을 매우 싫어한다. 그리고 이와 같은 다른 여러 가지를 고찰해 보면, 우리는 남성과 여성이 함께 다스리는 것은 평화를 크게 해치지 않고서는 불가능하다는 것을 쉽게 알 수 있다. 그러나 이것에 대해서는 이로써 충분하다[5]

(나머지 부분은 빠져 있다.)

---

4 (역주) 이와 같은 스피노자의 양성 차별론 또는 남성 우위론은 그의 자연주의적 범신론을 생각할 때, 선뜻 이해하기 어려운 측면이 있다. 서양 철학사에 있어서 플라톤 이래로 대부분의 철학자들은 근대철학에 이르기까지 특히 정치철학에 있어서는 남성 우위의 사상을 견지하고 있다. 이것은 아마도 역사적 현실과 아울러 남성우위의 그리스철학과 기독교 사상에서 주로 기인하는 것 같다. 여성에게 최초로 참정권과 투표권이 부여된 것이 1930년대이므로 남녀평등 사상이 자각되기 위해서는 그만큼 장기간의 다원적, 다각적인 체험과 사색이 필요했던 것 같다.

5 (역주) 스피노자는 1675년 「에티카」를 완성했으나 당시의 정치 현실을 감안하여 출간 제의를 거절하였다. 그는 1675년 「정치학 논고」 집필을 시작하였다. 그러나 1677년 스피노자는 폐결핵 증세가 심해져서 2월 21일 숨을 거두었고 따라서 「정치학 논고」의 마지막 부분인 '민주정'은 4절만 작성되고 나머지는 미완성으로 남고 말았다.

해설

스피노자의 「지성 개선론」, 「신과 인간과 인간의 행복에 대한 짧은 논문」, 「데카르트의 철학의 원리」를 읽어보면 우선 스피노자는 데카르트주의자라는 것을 확실히 알 수 있으며, 다음으로는 스피노자가 처음부터 데카르트의 순수하고 절대적인 합리주의를 넘어서서 범신론적 자연주의(또는 자연주의적 범신론)를 바탕으로 삼고 합리주의의 전통을 개척해 나가고자 하는 의도를 엿볼 수 있다. 스피노자는 드디어 「신학-정치론」과 「에티카」에서 자신의 고유한 철학사상을 방대하게 전개한다. '스피노자 선집'에 들어 있는 6권의 저서들이 모두 주옥과 같은 것들이지만 그 중에서도 가장 스피노자의 사상 전체를 이론적으로 종합하고 있는 것은 물론 「에티카」이고, 다음으로 종교철학과 정치철학, 곧 실천적인 응용철학에서 비중이 큰 책은 「신학-정치론」이다.

'스피노자 선집'에 들어 있는 저서들을 순수이론철학 영역과 응용철학 영역으로 구분하자면 이론철학에는 「지성 개선론」, 「신과 인간과 인간의 행복에 대한 짧은 논문」, 「데카르트의 철학의 원리」, 「에티

카」등이 속하며, 응용철학에는 「신학-정치론」, 「정치학 논고」가 속
한다고 말할 수 있을 것이다. 스피노자는 1670년에 「신학-정치론」을
익명으로 출판했으나, 이 책은 출판되자마자 교회의 파문 대상이
되었다. 스피노자는 1674 ～ 1675년까지 채 완성하지 못했던 「에티
카」를 마무리하여 출판의 기회를 살폈으나 출판될 경우 교회와 정
부로부터 박해받을 것이 확실하다고 판단되자 출판 시기를 무기한
연기하였다.

　1670년대 네덜란드에는 자유정치를 억압하는 정권이 세력을 잡고
정치적 구속과 살인을 서슴치 않고 있었다. 당시 자유주의를 대변했
던 얀 드 윗트(Jan de Witt)와 그의 동생은 정부의 주도하에 처참하게
살해당하였다. 1674년 경 「신학-정치론」은 빈번히 검열 대상이 되었
다. 물론 그것이 공적으로 스피노자의 저서로 알려지지는 않았지만,
이미 많은 사람들은 그 책의 저자를 스피노자로 확신하고 있었다. 스
피노자에게 처음으로 데카르트 철학을 가르쳐 준 반 덴 엔덴(Van
den Enden)은 파리에서 체포되어 심문을 받고 재판에 의해서 처형당
하였다. 스피노자의 오랜 친구들인 시몬 드 브리스(Simon de Vries),
피터 발링(Peter Balling) 등은 정치적 이유로 죽었고 쾨르바흐, 드 위
트, 반 덴 엔덴 등은 처형당했으므로 스피노자는 당시의 정치적 현실
속에서 공포와 불안을 느끼면서도 실천적인 정치철학에 한층 더 깊
은 관심을 가지지 않을 수 없었다.

　1670년에 출판한 「신학-정치론」의 처음 15장들은 신학론이고 나
머지 5장들은 정치론이다. 신학론은 주로 구약성서의(신약성서도 약
간 포함해서) 역사적 사실에 대한 비판과 종교철학적 성찰을 포함한
다. 스피노자는 구약의 수많은 성서 구절들을 상세히 인용하고 그것
들의 정당성 여부를 냉정하게 비판하면서 인식과 신앙 그리고 실천

적 행동의 본성 및 그것들의 특징과 관계를 제시하고자 한다. 16장부터 20장까지의 5장들은 정치론으로서 자연권과 시민권 그리고 주권(최고 권력의 권리)을 주로 다루지만 스피노자는 여기에서도 여전히 구약을(신약을 포함해서) 인용하면서 고대 이스라엘 왕국과 로마에서 그러한 권리들이 어떤 것이었는지를 비판적으로 고찰하고 있다. 스피노자는「신학-정치론」의 마지막 20장에서 모든 사람들의 표현과 언론의 자유가 보장되는 자유국가가 가장 바람직한 사회라는 것을 강조하였다. 이렇게 볼 때「신학-정치론」에서 스피노자는 완성된 신학론(종교철학)을 제시했으나 이에 비해서 그의 정치론(정치철학)은 양적으로도 너무 적어서 미완성인 채로 남아 있었다고 할 수 있다.

   스피노자의「정치학 논고」는 실질적으로「신학-정치론」의 '정치론'을 보충하는 역할을 담당하고 있다. 스피노자는「에티카」2부와 3부의 내용인 인간의 심리와 본성을 기반으로 삼고 군주정과 귀족정의 장단점을 면밀히 검토한 후 자신이 갈망하는 바람직한 사회의 표본인 자유민주주의 정치체제를 제시하고자 하였다. 스피노자는 "전제정치(독재정치)로 몰락하지 않고 시민들의 평화와 자유가 침해당하지 않기 위해서는" 인간의 공동체가 어떻게 구성되어야 할지에 대해서 고뇌하고 사색하면서 바람직한 정치체제를 구상, 기획하여 제시하고자 하였다. 스피노자가「정치학 논고」에서 가졌던 정치철학적 의도는—물론 저서가 품고 있는 자료라든가 내용의 양은 비교가 되지 않지만—플라톤이「국가 · 정체(政體)」에서 가졌던 것과 거의 동일하다고 할 수 있다. 스피노자는 오로지 자유민주주의 정치체제에서만 인간의 자유, 평화 그리고 안정이 보장될 수 있다고 확신하였다.

   「정치학 논고」는 모두 11장으로 구성되어 있다. 1장 서론에서 스피노자는 정치학의 이론과 실천, 인간의 정서와 본성을 살핀다. 이것들은 정치철학을 전개하기 위한 기초이다. 2장에서는 자연권을 살핀다. 스피노자는 홉스와 달리 자연 속의 인간을 자유로운 인간으로 본다. 여기에서 우리는 범신론적 자연주의를 엿볼 수 있다. 3장에서는 주권을 다룬다. 4장에서는 국가의 공적 과제들을 다룬다. 5장에서는 이성적 규정에 의해서 설립된 최선의 국가를 논한다. 「정치학 논고」에서 스피노자는 마키아벨리를 많이 인용하는데, 특히 마키아벨리의 「군주론: Il Principe」과 「티투스 리비우스의 열권의 책들에 대한 담론: Discorsi sopra la prima deca di Tito Livio」, 「피렌체 역사: I storie Florentine」를 자주 인용하고 있다. 마키아벨리의 이 책들에서 스피노자는 군주정과 귀족정의 많은 장점과 단점을 관찰할 수 있었고 사회 구성원(시민)의 자유, 평화, 안정을 보장할 수 있는 정치철학적 대책을 찾으려고 노력하였다.

　「정치학 논고」의 6, 7장은 군주정에 대해서 그리고 8, 9, 10장은 귀족정에 대해서 그리고 11장은 민주정에 대해서 논의한다. 스피노자는 군주정과 귀족정에 대해서 논의하면서도 시민들의 자유, 평화, 평등, 안정이 어떻게 보장될 수 있는지를 끊임없이 모색하고 있다. 그러한 그의 정치철학적 모색의 기초에 놓여 있는 것은 어디까지나 인간의 정서(감정)와 본성이고 인간의 정서와 본성에 적합한 정치체제는 자유민주주의 국가뿐이었다. 이 책의 제11장 '민주정'이 현재 남아 있는 4절들만으로 구성되지 않고 스피노자가 말하고 싶은 것을 더 쓸 수 있었더라면 그는 확실히 자유민주주의 정치체제가 왜 정치철학의 구체적인 실천적 목표인지를 한층 더 힘차게 강조했을 것이다. 스피노자의 정치철학은 훗날 프랑스 혁명의 자유, 평등, 박애의 사상을 지닌 자유민주주의 국가의 기초를 이루는 데 작지만 알찬 역할을 담당한 것이 틀림없다.

찾아보기

옮긴이에 대하여

강영계는 현재 건국대학교 철학과 명예교수이며 중국 서북대학교 객좌교수이고 독일 프라이부르크대학교, 프랑스 스트라스부르크대학교에서 교환교수를 지냈다. 서울대학교 철학과를 졸업하고 독일 뷔르츠부르크대학교에서 철학박사 학위를 받았다.

지은 책으로는 …
Prinzip und Methode in der Philosophie Wonhyos(Amsterdam, 1981), *Der Weg zur Meditation*(Würzburg, 1981), 『태초에 말씀이 계시니라』(1981), 『베르그송의 삶의 철학』(1982), 『철학에 이르는 길』(1984), 『기독교 신비주의 철학』(1986), 『철학의 발견』(1986), 『사회철학의 문제들』(1992), 『니체, 해체의 모험』(1985), 『철학이야기』(2000), 『정신분석이야기』(2002), 『청소년을 위한 철학이야기』(2003), 『니체와 정신분석학』(2004), 『헤겔, 절대정신과 변증법 비판』(2005), 『강영계 교수의 프로이트 정신분석학 이야기』(2007), 『마르크스, 니체, 프로이트 철학의 끌림』(2008), 『강영계 교수의 사랑학 강의』(2008), 『청소년을 위한 철학 에세이』(2009), 『행복학 강의』(2010), 『청소년을 위한 정의론』(2011), 『청소년을 위한 가치관 에세이』(2012), 『죽음학 강의』(2012), 『지금 우리에게 물어야 할 22가지 질문』(2012), 『철학의 오솔길』(2012), 『철학으로 산다는 것』(2015) 등이 있다.

옮긴 책으로는 …
『도덕과 종교의 두 원천』(H. 베르그송), 『인식과 관심』(J. 하버마스), 『중세철학 입문』(E. 질송), 『칸트의 비판철학』(S. 쾨르너), 『토마스 아퀴나스』(A. 케니), 『니체 생애』(K. 야스퍼스), 『서양철학사』(C. 프리틀라인), 『파라켈수스』(E. 카이저), 『브루노』(J. 키르히호프), 『무한자와 우주와 세계 외』(G. 브루노), 『에티카(개정판)』(B. 스피노자), 『고백록』(A. 아우구스티누스), 『꿈의 해석』(지그문트 프로이트), 『영원한 평화를 위해』(이마누엘 칸트), 『방법론』(르네 데카르트), 『지성 개선론』(B. 스피노자), 『신과 인간과 인간의 행복에 대한 짧은 논문』(B. 스피노자), 『데카르트의 철학의 원리』(B. 스피노자), 『신학-정치론』(B. 스피노자) 등이 있다.